मेरी अविरल अभिव्यक्ति

मेरी अविरल अभिव्यक्ति

स्नेही चौबे

ZORBA BOOKS

Published by Zorba Books, November 2022
Website: www.zorbabooks.com
Email: info@zorbabooks.com
Author Name :स्नेही चौबे
Copyright © स्नेही चौबे

Title: मेरी अविरल अभिव्यक्ति

Printbook ISBN: 978-93-95217-12-5
Ebook ISBN: 978-93-95217-13-2

Zorba Books Pvt. Ltd. (opc)
Sushant Arcade,
Next to Courtyard Marriot,
Sushant Lok 1, Gurgaon – 122009, India

मेरे पूजनीय दादू, ठाकुर माँ,
नाना जी और नानी माँ को समर्पित!

Dedicated to my revered Dadu,
Thakur Maa, Nana Ji and Nani Maa!

अनुक्रमणिका

आमुख: अविरल अभिव्यक्ति के विविध आयाम

डॉ.प्रेमलता चसवाल 'प्रेमपुष्प'

"मेरी अविरल अभिव्यक्ति" स्नेही चौबे का प्रथम काव्य संग्रह है। कवयित्री इसे अपनी 'अविरल अभिव्यक्ति' के नाम से अभिहित करती है।

अभिव्यक्ति यानी स्वयं को प्रकट करने की, अपने मन के भावों एवं विचारों को प्रकट करने की क्रिया। संपूर्ण प्राणी मात्र में मनुष्य ही एक बौद्धिक प्राणी है, जिसमें स्वयं के भावों को अभिव्यक्त करने की उत्कट चाह उसकी मूलभूत प्रवृत्ति के रूप में रहती है। सामान्य-जन से लेकर विद्वान मनीषियों के भावों-विचारों और कर्मों को विविध रूप से व्यक्त करने का माध्यम बनती है अभिव्यक्ति। यही अभिव्यक्ति मानव की सामाजिकता को, परस्पर मेल मिलाप को भी सुनिश्चित करती है। व्यक्ति के सुख-दुख, राग-द्वेष, आनंद-क्षोभ सब इसमें व्यक्त होते हैं। यदि ऐसा न होता तो गली-मोहल्लों में, आफिस कल्चर में या जहाँ भी दो व्यक्ति मिले नहीं कि वहीं कनरस (कानों का रस जो अब सोशल मीडिया में फोन पर सुनकर या पढ़कर) के आनंद से कोई व्यक्ति सम्मोहित न होता। वस्तुतः मन में उभरते कई तरह के विचारों की छटपटाहट को अभिव्यक्त करना व्यक्ति को आनंद से भर देता है। यही अभिव्यक्ति जब साहित्य-रचना में स्थायी और शाश्वत रूप धारण कर लेती है, तो यह युगों-युगों तक आने वाली पीढ़ियों को जीने का सही मार्ग भी प्रशस्त करती है। साहित्य-सृजन में रचनाकार अपने भावों-विचारों को समुचित व सुंदर भाषा में व्यक्त कर उसे कालजयी बना देता है। फिर कविता तो साहित्य की हर विधा कहानी, लेख, लघुकथा, नाटक आदि की अपेक्षा शब्दों को अधिक सुंदर एवं चमत्कारिक से रूप में व्यक्त करने का माध्यम होती है। स्नेही चौबे ने अपनी कविताएँ «मेरी अविरल

अभिव्यक्ति» काव्य-संग्रह में संकलित की हैं। इस काव्य-संग्रह का शीर्षक कई अर्थों को व्यक्त करता है। 'अविरल' शब्द 'विरल' या 'विरले' शब्द से बना है। 'विरल' शब्द का अर्थ 'दूर-दूर होना', 'जो घना न हो', 'विरला', 'अलग या हटकर अथवा 'विशेष' आदि अर्थों में व्यक्त होता है। इस शब्द के साथ 'अ' प्रत्यय लगाने से शब्द 'अविरल' बना जिसका अर्थ दूर-दूर न होकर नज़दीक है, विरला न होकर घनीभूत है, विशेष न होकर सामान्य है, अलग-थलग न होकर एक साथ के अर्थों में प्रकट होता है। और यदि अविरल को 'जल-प्रपात' एवं झरने से जोड़ कर देखे तो या यह एक 'अविरल धारा' निरंतर बहती धारा को भी व्यक्त करता है। वैसे ही कवयित्री की अविरल अभिव्यक्ति भी निरंतर प्रवाहित रहने की प्रवृत्ति के साथ शुरुआत कर रही है।

'मेरी अविरल अभिव्यक्ति' एक उभरती हुई कवयित्री का पहला काव्य-संग्रह है। विविध विषयों पर रची गई अपनी कविताओं को पांच सर्गों में संकलित किया है। ये हैं:- सर्ग एक: दार्शनिक भाव, सर्ग दो: नारी-उत्थान, सर्ग तीन: सामाजिक-चेतना, सर्ग चार: हास्य-व्यंग्य, सर्ग पाँच: विविध। अपनी भाव-चेतना के विविध रूप एवं भावों को कवयित्री ने बत्तीस कविताओं में इस काव्य-संग्रह में प्रस्तुत किया है। सर्ग एक :'दार्शनिक-भाव' में संकलित बारह कविताएं हैं, तो नारी चेतना से संबंधित 'सर्ग दो: नारी उत्थान' में छ: कविताएँ, 'सर्ग: तीन: सामाजिक चेतना' में आठ कविताएं, 'सर्ग चार: हास्य-व्यंग्य' में मात्र दो कविताएं और 'सर्ग पाँच: विविध' में चार कविताएं संकलित की गई हैं। पाँचों सर्गों में संख्या में 'दार्शनिक-भाव' में सबसे अधिक कविताएं संकलित की गई हैं। इसमें भी आध्यात्मिकता के साथ अपनी सृजनात्मक नारी सुलभ अभिव्यक्ति को जोड़कर देखा गया है। काव्य-संग्रह में कोमलता, भावों की सहज-स्पष्ट अभिव्यक्ति, कवयित्री की अपने परिवेश एवं सामाजिक चेतना को व्यक्त करती है, फिर भी काव्य संकलन पर विविध भाव-चेतना में नारी चेतनता का प्रभाव थोड़ा अधिक है जो स्वाभाविक ही है। इसके साथ ही हास्य-व्यंग सर्ग में मात्र दो कविताओं का होना दर्शाता है कि कवयित्री की भाव चेतना में नारी चेतना और दर्शन प्रमुख रूप से छाए रहे, जो स्वाभाविक रूप से उनके काव्य उद्देश्यों से पाठकों को अवगत कराते हैं।

स्नेही चौबे से मेरा परिचय साहित्य रचनाओं के माध्यम से ही शुरू हुआ। 'अनहद कृति ई-पत्रिका' में यदा-कदा उनकी रचनाएं प्रकाशित होती रहती हैं, इनमें भी कवयित्री

का भावात्मक संसार विविधतापूर्ण रहा है। इत्तेफ़ाक़ से 'अनहद कृति' पत्रिका द्वारा आयोजित साहित्याश्रय- 2020 में प्रतिभागिता के समय उनसे मिलना भी हुआ। तीन दिन के इस कार्यक्रम में पुस्तक प्रदर्शनी, देश-विदेश से आए साहित्यकारों की पुस्तकों के विमोचन के समय, पुस्तकों पर परिचर्चा होने के दौरान, प्रतिष्ठित तथा नए रचनाकारों से मिलने, उनसे साहित्यिक चर्चा-परिचर्चा करने पर काव्य-रचना के क्षेत्र में दिलचस्पी रखने वाले रचनाकारों को प्रचुर प्रेरणा मिलने का सौभाग्य प्राप्त हुआ। संभवतः यहीं से प्रेरणा व साहित्यिक ऊर्जा प्राप्त कर स्नेही चौबे ने अपना पहला काव्य-संग्रह प्रकाशित करने का मन बनाया और यह काव्य-संग्रह तैयार किया।

प्रस्तुत काव्य-संग्रह 'मेरी अविरल अभिव्यक्ति' में 'प्रथम सर्ग: दार्शनिक-भाव' की पहली कविता से ही एक ऐसे समर्पित पथिक की यात्रा शुरू होती है, जो गीत पाने की ललक में अपना रास्ता ढूंढ रहा है। यहीं से कवयित्री की काव्य-यात्रा का प्रारंभ है या काव्य-संग्रह का,... कुछ कह नहीं सकते, किन्तु गीत की खोज में निज से परे जाकर अपनी यात्रा प्रारंभ करती हैं कवयित्री। नए संकल्प-विकल्प, सामाजिक विषमताओं के तथ्यों का उद्घाटन करती हुई भाव-भंगिमाएं इस कविता में बख़ूबी झलकती हैं। उनकी काव्य-सृजन की छटपटाहट क्षणिक सुख लोभ का त्याग कर, कठिन राहों के अन्वेषी बनना चाहती है और इसके साथ ही इस क्षेत्र में उनका दृढ़ निश्चय भी स्पष्ट झलकता है। इसी के दृष्टिगत 'उठो चलो राही' आशावादी रचना है, जिसमें हर मिटते पदचिन्ह को आजमाने का सफल प्रयास करती हुई अपनी यात्रा को निरंतरता प्रदान करने की इच्छा जताती है। इस लंबी कविता में चुनौतियों का सामना करने के साथ समय को संवारने की ललक में हर तरह के समय के अनुसार चलने का निश्चय करती दिखाई पड़ती है। लेकिन अपनी काव्य अभिव्यक्ति में कवयित्री भाषा के स्तर पर किसी तरह का समझौता करना पसंद नहीं करती और न ही प्राकृतिक-सौंदर्य को दृष्टि से ओझल होने देती है। विषम-सामाजिक स्थितियों को खंगालती कविताओं का ताना-बना बड़े ही सहज ढंग से अपने आसपास की स्मृतियों की महक लिए हुए बुना गया है, जिसमें मां के हाथों से बने पकवानों की गंध, शीशे के जार में पड़े स्वादों की महक, गांव से आ शहर में उस पहचान की यादों को कविताओं के विविध रूपों को बड़े रोचक ढंग से रचा गया है, जिनके कई काव्य-बिंब इन कविताओं में मिल जाएंगे। इसके साथ ही कवयित्री की कलम केवल

यादों की छाप-छवियां ही नहीं उकेरती अपनी कविताओं में; अपितु इन कविताओं के माध्यम से उसका एक संकल्प अपने परिवेश और समाज में क्रांति का आवाहन भी करता है। लेकिन यह क्रान्ति लाल क्रांति न होकर हरित क्रांति है, खुशी लाने की क्रांति है और यह खुशी कहीं न कहीं 'वियोगी होगा पहला कवि' जैसी संवेदना से संपृक्त होकर उनके काव्य में झलकती है। यही भाव उसकी कविता 'यह कलम क्या है एक क्रांति है' में निहित हैं। इनमें भी निराशा से आशा की बड़े सौम्य ढंग से पैरवी करती हुई भी जहां आवश्यक हो, वहां क्रोध या 'रक्त रंजित हुंकारों की बंदनवार सजाने' में भी कहीं गुरेज नहीं करती दिखती।

वस्तुतः कवियत्री स्नेही चौबे में रचना करने की ललक उनके अंतर्मन को निरंतर उद्वेलित कर कुरेदती रहती है। कभी यह 'जंग लगी-सी ज़िन्दग़ी' का प्रतीक बन जाती है तो कभी मानों चक्रवातों-से घिरी भीतरी उद्वेलित छटपटाहट को विविध रूपों में व्यक्त करती जाती है। कहीं जीवन में अनचाहा ठहराव अपेक्षित नहीं तो कहीं-कहीं एक छटपटाहट कि 'क्या लिखूं' से परिवेशगत उद्वेलित करते अनेकानेक मुद्दों की संभावना भी हमेशा बनी रहती है उसके अंतर्मन में। ऐसे में भी प्रकृति के विविध उपादानों से वह अपनी छटपटाहट को व्यक्त करना भी नहीं भूलती।

"मेरी अविरल अभिव्यक्ति" की इन कविताओं में बाहर के कोलाहल की अपेक्षा भीतरी कोलाहल की अनुगूंज अधिक है। इन भावों को व्यक्त करती पंक्तियां बहुत ही प्रभावी महसूस होती हैं यथा 'सूने इस मन/ का सूनापन', 'धुंधली-सी तन्हाई' में जहाँ छटपटाहट है वहीं 'फिसलते पलों को लपकने' की चाहत एक नए युग के आगाज़ का आवाहन 'आओ! फिर कलम पकड़ते हैं' से करते हुए नई आशा का संचरण करती है। 'कोलाहल मृदंग', 'धुंधली तन्हाई',और 'नारायण' शब्द का प्रयोग प्रतीकात्मकता के साथ प्रबल काव्याभिव्यक्ति बनता है और साथ ही कवयित्री की लेखन की अनंत तृषा को भी दर्शाता है। अंततः कलम से ही इस उद्वेलन की राह खोजती दिखाई पड़ती है या इसे ही अपनी पूजा के साथ 'जीवन की सच्चाई' और 'सपनों की अंगड़ाई' मानती हैं कवयित्री। समाज में व्याप्त विषमताओं से सतत् साक्षात्कार करते कविता रचना कवयित्री का निहायत ज़रूरी कर्म बन गया है। और वह भी सूचना प्रौद्योगिकी में एक कम्प्यूटर इंजीनियर का, जो सीनियर कंसल्टैंट के पद पर कार्यरत है। कहने को आठ

घंटे की ड्यूटी होती है, लेकिन वर्कलोड होने पर जिसे, आठ घंटे की बजाय 10-12 घंटे आम ड्यूटी और कभी-कभी रात के बारह-एक तो कभी दो भी बज जाते हों। फिर कविता के लिए समय कब? पूछने पर पता चला कि बैंगलौर जैसे शहर में कैब में आते-जाते टैफिक में फंसने पर कविता ने ही साथ दिया। इंतज़ार के उन उबाऊ क्षणों में डायरी पर उतरती रही ये कविताएँ और काव्य विषय भी इसी की देन है। उसमें भी उपेक्षितों की संवेदना से द्रवित और गहन संवेदना से भरा-भरा मन जो प्यार के भावों को अपनी कलम पर लाना या तो भूल गया है या उसे सामान्यजन की वेदना से आगे कुछ दिखता ही नहीं।

हाँ, इतना ज़रूर बताया मुझे कि हिन्दी भाषा और कविता-रचना के प्रति विशेष आकर्षण स्कूली शिक्षा के दौरान ही पैदा हो गया था। कक्षा दसवीं में हिंदी भाषा में 97% अंक से स्कॉलरशिप ने हिंदी में साहित्य के प्रति आसक्ति और बढ़ा दी।

यही नहीं जहाँ कहीं भीकिसी व्यक्ति की दारूण स्थिति दिख जाती है, वहीं पर कवयित्री का मन काव्य के प्रति आकर्षित होता ही है। और विशेष तौर पर नारी की छटपटाहट को व्यक्त करने में, रूढ़िवादी सोच से पीछा छुड़ाने में, नारी में स्वावलंबन के सही अर्थ तलाशने जैसे मुद्दों पर स्नेही चौबे की सुंदर काव्य-अभिव्यक्तियां इस की साक्षी हैं। अस्तित्व की तलाश में जूझते व्यक्ति की छोटी-छोटी खुशियों को तलाशती कई कविताओं में उदात्त भावात्मक उद्वेलन व्यक्त हुआ है। ऐसी कविताओं में भी अच्छे समय की तलाश का दामन नहीं छोड़ती कवयित्री। नारी के प्रति सामाजिक वर्जनाओं से मन में उठते उद्वेलनों में खीझते-मन को शांत कर अपनी पहचान ढूंढती है, तो कभी भटकते मन को सही जीवन शैली तलाशने में लगाती है। हर स्थिति में जीवन लक्ष्य को प्राप्त करना ही सही अस्तित्व की तलाश दिखाई देती है इन कविताओं में।

'संवर्ग 2 में नारी-उत्थान' में जिन विषयों पर कविताएँ रची गई हैं इनमें प्रमुख भाव ये कि नारी-स्वाभिमान की चाह में हर पल विषमताओं को झेलती हुई पीढ़ी-दर-पीढ़ी अपनी सशक्त भागीदारी को एक सुखी परिवार के रूप में सुनिश्चित करती जाती है। अपनी कविताओं में वह ये संदेश देना भी नहीं भूलती कि नारी के हित में दहेज और कन्यादान जैसी निंदनीय प्रथाओं को समाज से निष्कासित किया जाना चाहिए। वह योग्य होती है, मात्र भोग्य या चढ़ावा नहीं। इसके अतिरिक्त समाज की मुख्य इकाई घर में अपनी पहचान को तलाशती नारी की स्थिति इन कविताओं में स्पष्ट झलकती

है। नव-विवाहिता के आंतरिक मंथन को 'आईने' के प्रतीक से व्यक्त करती कविता 'एक रोज आईने ने पूछा मुझसे' नए परिवेश में वधू की स्थिति का सांगोपांग वर्णन किया है। इस लंबी कविता में एक संकल्प भी दिखाई देता है कि नए परिवेश में अपनी पहचान के लिए स्वयं ही सामना करना होगा, स्वयं ही अपनी पहचान बनाने के लिए अंतहीन कुरीतियों से जूझना होगा। समाज में जो स्थिति एक वधु को 'गृहलक्ष्मी' की मिलनी चाहिए उसकी जगह खुशी के अवसर पर भी डरी-दबी गृहलक्ष्मी होगी तो समाज का उद्धार कैसे हो पाएगा! 'धिक्कार है! धिक्कार है! धिक्कार है!' कविता 'देखो प्रताड़ना के दंश' से शुरू होती है और समाज से सीधी टक्कर लेने की स्थिति में समाज को शर्मसार करती अपने अधिकार के प्रति जागरूक दिखाई पड़ती है। स्नेही की कविताओं में अन्याय के प्रति खड़े होने की उत्कट चाह का प्रबल जज्बा इस सर्ग की हर कविता में दिखाई पड़ जाएग। और वह भी एक लाचारी की तरह नहीं अन्याय के विरुद्ध खड़े होने की भावना से एक युगांतरकारी तनाव से मुक्ति का आवाहन करते हुए। कविता 'आओ अब जोश जगाएं हम' में बंधनों को काटने का, भीतर की कुण्ठा को उद्घाटित करने का, अबला होने के मिथ्या प्रचार को नकारने का आवाहन बड़े प्रबल स्वर के साथ किया गया है। इसमें नारी मुख्य बिंदु ये कि क्षमताओं में संहार और सृजन दोनों शक्तियों का समायोजन कर नारी द्वारा समाज में रोशनी फैलाने का प्रबल प्रयोजन निरंतर गूंजता दिखाई पड़ता है। सर्ग तीन में सामाजिक चेतना से संबंधित कविताएं हैं पहली कविता 'एक रंगमंच है' में समाज के पूरे ढांचे में फैली विषमताओं के साथ प्रतीकात्मक दृष्टि से विवेचन किया गया है। कविता 'जिंदगी एक आईना' जीवन और कल्पना की हक्कीक़त का बयान करती कविता है जो समझौतों के आधार पर चलती ज़िन्दगी का विवेचन करती दिखती है। इसमें सामान्यजन-जीवन की विषम स्थितियों से जूझते दर्द की कहानी का मार्मिक चित्रण हुआ है। इस संसर्ग में भी कई स्थानों पर नारी की स्थिति और उसकी विवशता को आंसू के साथ मुस्कान की दिखाना पाठक को यथास्थिति की गंभीरता पर सोचने को विवश करता है।

इस काव्य-संग्रह में भाषा की सरलता और प्रासंगिकता सहज रूप से काव्य-विधान करती है। कहीं-कहीं अप्रचलित शब्दों का प्रयोग भी किया गया है, लेकिन वह भाव सम्प्रेषण में बाधक नहीं बनते अपितु प्रभावोत्पादकता ही बढ़ाते हैं। काव्य में पारम्परिक

एवं नए प्रतीकों प्रयोग सहज रूप से हुआ है।। ये हैं; 'मकड़ी नुमा कहानियों', 'उल्का पिंड', 'लहरें', 'बवंडर', 'भँवर', 'उल्कापिंडों की क्यारी', 'लकीर', 'आईना', 'गीला आसमान', 'टपकती आंखों की पतवार' जैसे कई प्रतीक काव्य-सौंदर्य को बढ़ाने में सक्षम हुए हैं। विभिन्न मनोभावों से उद्वेलित इन कविताओं में जीवन की अमरता और अहम की स्वच्छता के द्वंद को कलमबद्ध करने की चाह में किन्हीं मानव-कल्याणकारी निष्कर्षों पर पहुंचना चाहती है, कवयित्री। अंततः आसक्ति से अनासक्ति और शून्यता से समग्रता तक का सफर अपने भावों के माध्यम से अभिव्यक्त करती है। हास्य व्यंग्य में जहाँ अपनी इंजीनियरिंग की पढ़ाई से पैदा होने वाली सामान्य दिक्कतों की दहशतभरी व्यंग्योक्ति है तो वहीं शहर में सडकों की खस्ता हालत कर स्थानीय शब्दों व संस्कारों से व्यंग्य को प्रभावी बनाया गया है। सर्ग : विविध में एकलव्यका महात्याग पठनीय व कुछ अछूते प्रश्नों को भी उठाती है।

यहाँ एक बात कहने में मुझे आत्मसंतोष के साथ ख़ुशी इस बात की है कि जहाँ आपा-धापी, स्वार्थ, प्रपंच, मौकापरस्ती के चलते प्रदर्शनी-नुमायश में आत्मानुशंसा के साथ लोभ-लाभ के चक्कर पूरा समाज कहीं-न-कहीं डूबता-सा दिखाई पड़ रहा है, वहीं इन कविताओं में स्वहित-चिंतन की बजाय निजी-स्वार्थों को दरकिनार कर समाज व्याप्य-व्यथा विषाद से द्रवित हो काव्योक्तियों में एक आशावादी आकांक्षा पगे-पगे दिखाई पद जाती है। निःसंदेह स्नेही चौबे का कविता संसार एक उदात्त भाव-चेतना पर टिका है। मुझे आशा ही नहीं पूरा विश्वास है कि कवयित्री स्नेही चौबे के काव्य-संग्रह «मेरी अविरल अभिव्यक्ति' का सुधि साहित्यिक समाज में भरपूर स्वागत होगा और उनकी ये काव्यमयी अविरल अभिव्यक्ति आगे भी अविरल धारा-सी प्रवाहित हो निरन्तर साहित्य जगत में अपनी पहचान अंकित करती रहेगी। अनंत शुभकामनाएँ।

डॉ. प्रेमलता चसवाल 'प्रेमपुष्प'

(संपा. द्वय; 'अनहद कृति', ई-पत्रिका, https://anhadkriti.com/)
एम.ए., पीएच.डी. (हिन्दी), बी. एड., ऍम. एड., एम बी. ए.
397, मॉडल टाऊन, अम्बाला शहर, हरियाणा। 134003.

दो शब्द

मेरी अविरल अभिव्यक्ति - एक छोटी-सी कोशिश है मेरे मन-मस्तिष्क में गूँजती आवाज़ों को कलम के माध्यम से कोरे काग़ज़ पर उतारने की, मेरे मन के भगवान के चरणों में कुछ महकती शब्दों की माला अर्पण करने की, अपितु ये भी सच है कि इन शब्दों की प्रेरणा, इन मनोभावों की सरिता, इस कलम की स्याही बनकर वो ही पल-पल बसे रहे, तो ये भी सच है कि मैं एक माध्यम हूँ उनके रहस्यमयी रचना की।

कोशिश बस इतनी है कि इन मकड़ीनुमा कहानियों में, मेरे मन की काली चादर में, दूधिया रौशनी की सुंदरता निहार सकूँ, इन चमचमाती आइनों की भीड़ में अपनी भूमिका को सार्थक कर सकूँ।

कविताएँ हैं जिनमें कभी रोस से भरा मन, तो कभी हर्षोल्लास-से भरी कोयल की मीठे आम के पेड़ों से वो पहली सुरीली आवाज़, कभी विडंबनाओं के उलझे धागों को सुलझाने की नायाब पहल, कभी ज़िंदगी के पर्वत-रूपी श्रृंखला से परास्त बैठा बुझा बुझा-सा गान और कभी न हार मानने वाला हठ-से भरा मासूम बचपन। इन सभी को स्याही से पिरोने की एक छोटी-सी कोशिश ही तो है।

और कविताओं की किताब तो तब ही सम्भव है जब अपनों से प्रेरणा मिलती रहे। संबंधों की मीठी झड़पों की कभी न मिटने वाली मिठास से मेरा परिचय कराने के लिए मैं अपने सास-ससुर और ससुराल पक्ष की बहुत आभारी हूँ। मैंने बड़े परिवार का समर्पण और साथ देने की कला इनसे सीखी है, जिसकी छाप कविताओं में यदा-कदा पड़ ही जाती है।

जीवन में कभी हार न मानने का जुनून और हर पहलू को खुली सोच की कलम से लिखने की कला - ये शायद मेरे माँ-पिता की देन है।

चाहे विद्यालय की कक्षा हो, या कॉलेज की परीक्षा, या नौकरी के अनोखे दिन - इन सब में कलम की स्याही चलती ही जाती है। क्योंकि शायद कलम को सोच चलाती है, जब तक वो सुबह की पहली किरण से पहले उठा दे और बेधड़क किसी भी पहर आकर मन को एक नई ऊर्जा से भर दे, तब तक वो कभी रुक कर बैठ नहीं सकती। ऐसे में प्रेरणा के कई स्रोत मिल ही जाते हैं - कभी समाज के खोखलेपन से मन खीझ जाता है, तो कभी ऑफिस से घर और घर से ऑफिस पहुँचाने वाले ऑटो वाले भैया के नए-नए किस्से मिल जाते हैं, जिनमें हल्की-फुल्की झड़प, तो कभी इनकी ईमानदारी और कर्तव्य निष्ठा जीवन की गतिशील रेस में बहुत कुछ सीखा जाती है।

जैसे एक शिष्य की नैय्या एक गुरू ही पार लगाते हैं, वैसे ही मेरा मार्गदर्शन करने के लिए मैं डॉ. प्रेमलता चसवाल 'प्रेमपुष्प' जी की बहुत आभारी हूँ। अनहद कृति के साहित्य सम्मेलन में जो मुझे अनुभवी और मंझे हुए साहित्यकारों से मिलने का अवसर मिला, उसने न केवल मेरी सोच की परिधि का विस्तार किया, अपितु मुझे एक नई ऊर्जा से भी भर दिया।

आशा है मेरी यह छोटी-सी कोशिश आपके विचारों को नए सुनहरे पंख दे।

धन्यवाद

स्नेही चौबे

सीनियर सौफ्टवेयर इंजीनियर, आई. टी.

बैंगलोर, करनाटका, ५६०१००

सर्ग एक:

दर्शन झरोखा

सुन अन्त: करण की पुकार

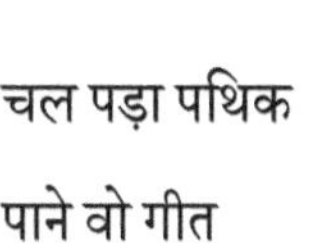

चल पड़ा पथिक

पाने वो गीत

गायेगा जो

हर थका मीत!

तूफ़ाँ के शोले आये

भय और आतंक का सन्देश लाये

पथिक लड़खड़ाया

मन में तो संघर्ष है

पर संकल्प डगमगाया!

तेरी मंज़िल तो अभी दूर है

फिर क्यों थक कर चूर है

सुन अन्तः करण की पुकार

तोड़ दे अंधविश्वास के द्वार!

इसके परे जो अनंत क्षितिज है

उसी में छिपा है तेरा उद्धार!!

क्षणिक सुख के लोभ में प्राणी

शाश्वत गीता को न भूल जा

वर्तमान की भट्टी में राही

भविष्य का प्राणोद्धार करता जा!

कर्मभूमि आज आर्य देती तुझे पुकार

आजा! सूर्य के घोड़ों पर हो सवार!!

मत हार मान

जब तक हैं प्राण

कर तू महान

भविष्य का निर्माण

इस सृष्टि में तेरा अस्तित्व

किसी नीचता का द्योतक नहीं!

अपने कर्मों को दे अमरत्व

तू पराधीनता का बंधक नहीं!!

उठो! चलो राही!

मायूसी की इस धार में मोती सजायेंगे
उठो! चलो राही! एक नया जहाँ बसायेंगे

इन घुटती सांसों की अग्नि चीरकर

आग-सी धधकती रेत की

पीड़ा को हर

मिटते पदचिन्हों को फिर से

आज़मायेंगे!

किनारा तब तक असुरक्षित है

जब तक कोई मौज में न हो

एक तेरे आने से

हर दूर बैठे पास आयेंगे!

रात की चादर को

बिजली चीरती है

शांत जो थी

लहरों की ये कैसी आकृति है
नभ के कोनों से
गूँजती चीख-सी है
मनुज के अधरों पे
रूदन की जीत-सी है
हाँ! भयावह स्थिति है
विकट परिस्थिति है!

इस रात के साथ चल
नई सुबह खिलायेंगे!

लहरें जब स्थिर न हों
तब न रेत दिखती है
न परछाईं बनती है
मन के भावों की
पीड़ा कुछ ऐसी लगती है
हाथ देना चाहते हैं
साथ देना चाहते हैं
पर दूर ही बैठा दिया है
सौ डर से कुछ यूँ जकड़ा दिया है!

अपनों से मिलने को तरसे
कैसे नीले तीर बरसे

पानी की सतह का कोलाहल

समुद्र-मन्थन का हलाहल

अब रूँधे-से हर गले से

उस नीले-कण्ठ को फिर से बुलायेंगे!

ये प्रचंड

अकल्पनीय क्षण है

मनुष्य के धैर्य की

चुनौती का पल है

सोती आँखों में अब नींद कम है

हर कुछ दूरी पे

मृगतृष्णा का भ्रम है!

ऐसी अनिश्चित मौज में

फिर से नहायेंगे

तारों की प्रतिबिंब की

लड़ियाँ सजायेंगे!

लहरों की शक्ति भी असीमित है

आज जो स्पष्ट है

कल अप्रतीत है

गर्भ में इसके

सुनहरे स्वप्न संचित हैं!

कितनी सुंदरता संजोए

काल के पहियों में खोए

कल जैसी करवटें थी

आज भी थोड़ी परिचित है

इन लौटती लहरों की तरह

कुछ चमचमाती रेत पीछे छोड़ जायेंगे!

मन शांत हो जाता है अक्सर

मन शांत हो जाता है अक्सर

जैसे तालाब के पानी की स्थिरता हो!

न ही कोई चंचलता

न ही कोई चपलता हो!

उन मछलियों की परछाई भी

धुँधली-सी लगती है

जलीय पौधों की सीमाएँ

जैसे पूरे परिधि को ढकती हैं!

ऐसा नहीं कि अंदर कोई

जीवन न हो

कभी–कभी परोक्ष होता है

जो स्पष्ट न हो!

हलचलों का बवंडर उमड़ता –

घुमड़ता है

सतह पे स्थिर, पर अंदर तूफ़ान

उफ़नता है!

मोती मिले न मिले कोई ज़रूरी

तो नहीं

अरविन्द के पत्तों पे सजे सफ़ेद

दाने जैसे श्रृंगार करती दिखती

है हर कहीं!

इसी सुंदरता में खो जाता है अक्सर

मन शांत हो जाता है अक्सर

जैसे तालाब के पानी की स्थिरता हो!

ये कैसी सुबह है आई

ये कैसी सुबह है आई

बहारों की

नन्हीं-नन्हीं फुलवारियों की

क्यों दिखती नहीं परछाई!

वो जो बीती रातों में

अनकही कुछ बातों में

हाथों की चादरों से

दीयों के बादलों से

सूरज निकाले बैठा था!

उसकी मुस्कुराहट कहाँ है?

आशाओं की आहट कहाँ है?

वो जो हर पल जगा-सा

जाने कैसी धुन में पड़ा-सा

चल देता है, सबसे छुपा-सा

सिर उठा के जो तकता फ़लक पे

वो सूरज भी था डूबा-सा!

ये कैसी हवा चल पड़ी है

उन कदमों की रफ़्तार दिखती नहीं है

उसका दिन खोया कहाँ है?

रातों में सोया कहाँ है?

वो जो माँ सबसे पहले जगी थी

हवा में पकवानों की महक सजी थी!

डब्बों की सजावटों में

थके मन की खुशियाँ पड़ी थी!

उस खाने की महक क्यों कम हो गयी है

माँ के चेहरे की चमक

क्यों धुँधली पड़ी है!!

हज़ारों नींद देखी हैं

हज़ारों नींद देखी हैं

हज़ारों ख़्वाब भी देखे

कि इस मकां में

गर्मियों के आम भी देखे!

जो हम चले थे

वो एक पिंजरे का परिंदा था

फिर हर एक के नए-नए

आसमान भी देखे!

हर एक आसमान के

रंग अलग थे, शायद

न एक सुबह ही देखी

न एक शाम ही देखे!

ऊँची–ऊँची छतों पे
गहरी ख़ामोशी छायी है
और कभी छत पे सूखते
शीशे के जार भी देखे!

वो जो शहरों से कल लौट के आये
उनके चलने की झूठी शान भी देखें!

जब से दौड़ना सीखा
तब से रुक न पाए हैं
और उस कच्चे बरामदे
में बस आराम ही देखें!

अब कीमती जूतों में
अपनी चाल खोयी है, शायद
कभी नंगे क़दमों की
अलग पहचान भी देखें!

ये कलम क्या है, एक क्रांति है

ये कलम क्या है-

एक क्रांति है

बंजर धरती पे कभी-कभी

झर-झर वर्षा की भाँति है!

मनुष्य दब जाता है कभी

कभी ऋतुएँ साथ नहीं देती

कभी समय कहीं थम जाता है

जब आँसू सूख जाएं

और पीड़ा कम नहीं होती

तब काग़ज़ पे कलम चल पड़ती है!

नवजीवन से प्रेरित हो,

आशा की सरिता की भाँति है

ये कलम क्या है-

एक क्रांति है!

सदियाँ चलती जाती हैं
अधखुली पलकों से मन कभी जगता है
कभी सो जाता है
इस संसार की सुंदरता से
वो दूर कहीं खो जाता है,
तभी लालिमा से सजी-सँवरी
तारों से वो इठलाई
आकाश ज्यों मुस्काती है

कुछ वैसे ही पलों से
कोरे काग़ज़ को सजाती है
ये कलम क्या है-
एक क्रांति है!

अंबक की अग्नि भी है
वाणी की मृदुलता भी
रिश्तों की कड़वाहट भी है
आशाओं की आहट भी!

आग्नेय के मुँह को हवा दे
जो सोये नर को जगा दे
धर्म-न्याय के चौखट पे

रक्त–रंजित हुँकारों के

नित नए–नए

बंदनवार बना दे!

वो डमरू है

वो वीणा है

प्यासे पथिक के धैर्य में

इन्द्रधनुष की भाँति है

ये कलम क्या है, एक क्रांति है!

जंग-सी लग रही थी

जंग–सी लग रही थी

भूरी स्याही जकड़ रही थी
किसी जुगनूं की ही भाँति
कभी बुझती कभी
जल रही थी!

जंग–सी लग रही थी
हाँ! जंग–सी लग रही थी!

वो जो असीमित अनंत
भँवर के चक्रवात–सा है
वो ही मुट्ठी-भर दायरे में
कैसे बाँध रही थी?

पतंग हवा के परों पे

छू ले आसमान कभी

कभी माँझा छूटते ही वो

दिखे कदमों के तले!

आज न ही वो उड़ रही थी

और न ही दब–सी गयी थी

बस एक निश्चित ऊँचाई की

आधार बन तड़प रही थी!

जंग–सी लग रही थी

हाँ! जंग–सी लग रही थी!

कुछ लिखना है, क्या लिखूँ

कुछ लिखना है

क्या लिखूँ

कभी शब्द नहीं मिलते

कभी जज़्बात नहीं जँचते

और कभी यूँ ही बैठे-बैठे

दिल की दुकान में नहीं सजते

कुछ लिखना है

क्या लिखूँ!

कोई रोता है

क्यों भला

आँखों को भिगोये

जैसे छेद हो जाये

यूँ ही तकता है

क्यों भला!

एक वो सुबह थी

रंगीन फ़िज़ा थी

और शब्दों की लड़ियों

से रौशन-सी हवा थी,

अब हवाओं का बहना

जैसे रुक-सा गया है

हवाओं को देखे एक

अरसा हुआ है!

एक शून्य में कहीं

आकर फंसा है

अपनी नादानियों पे

जैसे खुद ही हँसा है

उलझे-से हैं

मन के तार नहीं बजते!

कुछ कहना है

क्या कहूँ

कभी शब्द नहीं मिलते

कभी जज़्बात नहीं जँचते

और कभी यूँ ही बैठे-बैठे

दिल की दुकान में नहीं सजते;

कुछ लिखना है

क्या लिखूँ!

आओ! फिर कलम पकड़ते हैं

भर कोलाहल मृदंग सजा

जाने धर कैसे रंग सजा

अनजाने-से सुर छेड़े है

कैसी पीड़ा फिर उकेरे है

मिलना दूभर चिंता से जल

एकांत में भय खाते हैं!

आओ! फिर कलम पकड़ते हैं!
आओ! फिर कलम पकड़ते हैं!!

दृष्टि जैसे थर्रायी है

धुँधली-सी हर तन्हाई है

हर छोर अब व्याकुल-सा है

एक विश्व-व्यापित धुँध-सा क्यों

इस मृगतृष्णा पे छायी है!

हर मन अब नतमस्तक है

नारायण के चरणों में

क्यों झुका-सा हर मस्तक है!

जो स्याही शरमाये तो

मन से ही शब्द अब रिसते हैं

आओ! फिर कलम पकड़ते हैं!

आओ! फिर कलम पकड़ते हैं!!

सूना-ये शहर

सूना-सा मन

सूने इस मन

का सूनापन

कहीं डस न ले अल्हड़ हमको

कर हास-विनोद सँभलते हैं!

बुझते दिये रह-रहकर

देखो अब भी तो जलते हैं!

आओ! फिर कलम पकड़ते हैं!

आओ! फिर कलम पकड़ते हैं!!

कलम ही राम, कलम ही कृष्ण

कलम हर सचरित्र का चिन्ह

कलम तू एकमात्र पूजा

कलम तेरे बिना न दूजा!

इस परम सत्य को रह-रहकर

दृष्टि पर फिर से धरते हैं!

आओ! फिर कलम पकड़ते हैं!

आओ! फिर कलम पकड़ते हैं!!

जीवन की इस सच्चाई को

सपनों की इस अंगड़ाई को

फिसला वो पल

फिर लपकते हैं!

एक नई सदी का आगाज़ लिए

बन खुशहाली बरसते हैं!

आओ! फिर कलम पकड़ते हैं!

आओ! फिर कलम पकड़ते हैं!!

क्या कहूँ!

क्या कहूँ! क्यों प्यार के तराने हमको नहीं भाते
कि प्यार की किताबें हम लिख नहीं पाते!

जो देखा कहीं तो खामोशियाँ दिखें
मदमस्त बेसबर–सी बेहोशियाँ दिखें
नन्हें हाथ, मैले कपड़े
हर चौराहे पे मिले
दो मुट्ठियों में भर–भर
बेचैनियाँ दिखें!

जब काँटों ने घेरा हर गुलिस्ताँ हो
तब पँखुरियों में हम खो नहीं पाते!

कब से रो रही है
कैसी कहानी है
नारी! तेरी वीभत्स क्यों ज़िन्दगानी है
गुज़रते जाते हैं साल

ब्रह्माण्ड की गति रूकती नहीं कभी

पिंजरे में पड़ी, सोच से बँधी

चेहरे पे तेरे स्वावलम्बन–सी हँसी

क्यों जँचती नहीं!

जब सिसकियों से आहत हर कमरा, हर बगान हो

तब महल की सजावट हमको नहीं भाते!

कैसे बुढ़ापा एक रोग बन गया

अपनों का घर पे आना संजोग बन गया

जिसके कांधों पे कभी ठाठ से घूमे

जो झुक गया तो कैसे अब बोझ बन गया,

ये काल का है पहिया

बस घूमना जाने

तेरी कहानी भी है

तू माने न माने!

जब जीवन छोटी–छोटी ज़रूरतों को तरसे

तब आँखों के रंगीन चश्मे हमको नहीं भाते!

अस्तित्व की तलाश

एक जीवन की प्यास है मुझे!
हाँ! अपने अस्तित्व की तलाश है मुझे!!

इस मोहमाया की नगरी से गुज़रते हुए
देखा है मैंने सबको बदलते हुए
ख़ुशियों के सागर से ग़म को आते
और ग़म में हर ख़ुशी को समाते हुए!

पर इस सबकी आपाधापी में
न जाने किस वक़्त की आस है मुझे
हाँ! अपने अस्तित्व की तलाश है मुझे!!

देखा है मैंने एक सन्नाटे को छाते हुए
और कभी कोहराम की भीषण गर्मी
में मन की शांति को जल जाते हुए
एक शोर को रग–रग में समाते हुए!

जब बेचैन हो चीत्कार करता है मन

तब एक शांति की आस है मुझे

हाँ! अपने अस्तित्व की तलाश है मुझे!!

कभी–कभी ऐसा लगता है जैसे

ये सारा जीवन एक दौड़ है

जिसमें हार की कोई गुंजाईश नहीं

बस जीत की होड़ है!

पर न जाने क्यों वक़्त से दो पल चुराने को

बेताब है मन

शायद एक ठहराव की तलाश है मुझे

एक जीवन की प्यास है मुझे

हाँ! अपने अस्तित्व की तलाश है मुझे!!

कभी-कभी अनायास यूँ ही

कभी-कभी अनायास

यूँ ही

बैठे-बैठे

बल्बनुमा शून्य को

तकते-तकते

मेरे विचारों के महासमर

की पराकाष्ठा

अन्तर्मन को झकझोर जाती है!

मेरे उठते-से कदम

मेरी लिखती-सी कलम

मकड़ीनुमा कहानियों को

रोक जाती है!

आज जैसे फिर

वही बात है!

ब्रह्मांड की ये चित्रकारी

करोड़ों तारों से सुसज्जित

उल्कापिण्डों की मध्यम क्यारी,

बनते-बिगड़ते काल के

महापरिधान पर

विस्मित हो टपकती आँखों

की पतवारी,

मेरी दृष्टि के अँधियारे में भोर लाती है!

इस जीवन की अमरता को

मेरे अहम की तुच्छता को

परिवर्तननुमा सत्य को

मेरी सोच से फिर जोड़ जाती है!

कर्म ही धर्म

कर्म नवजीवन का अतुल्य मर्म

कर्म हर पथिक की सुराही

कर्म बाँसुरीनुमा सुरों की

मधु संगीत स्वर लहरी!

कर्म ही समानता

कर्म मस्तिष्क की हर उपज की सबलता

कर्म इष्ट देवों का निःस्वार्थ पूजन

कर्म ही एकमात्र निचोड़

ये मोहपाश-सा जीवन!

कर्म की महत्ता

दुर्बल मन के

मायाजाल से

तोड़ लाती है!

शून्यनुमा अनंत आकाश की

रंगीन चादर की किंचित

आज फिर वही रात है

अनायास यूँ ही आज फिर

वही बात है!

सर्ग दो:

नारी उत्थान

वो है नारी

चेहरा है उसका
हँसी है तुम्हारी
वो है नारी!

आँखों से जो छलका
खुशी है तुम्हारी
वो है नारी!!

पूरी है फिर भी
बिन अपने आधी-अधूरी
न कोई रुतबा, न कोई ताली
मुक हाथों सजाये, कभी होली, कभी दिवाली
वो है नारी, वो है नारी!!

सुखी समाज की लड़ाई!!

एक नारी इस समाज में

न जाने कितना कुछ सह जाती है

बहुत कोशिशों से जिस मन-आईने को

बचपन से संजोती है

उसे चकनाचूर करने में

दुनिया तनिक भी नहीं सोचती है

ऐसे ताने, ऐसे कटु वचन

ऐसा दुर्व्यवहार

गर किसी मर्द को मिले

तो जाग जाए उसका स्वाभिमान

पर अपने हृदय को

पत्थर-सा कर

न जाने वो किस

स्वाभिमान को तलाशती है!

ये कैसा अभिशाप है

इस समाज पे

कि नारी की इस दुर्दशा

की भागीदार और कोई

नहीं एक नारी भी है!

वो जो स्वयं कभी इस

कसौटी पे घिसी गई

वही अब दूसरे के सपनों की

पड़ाव है

कभी अपने तुच्छ विचार

तो कभी अपने छोटे व्यक्तित्व

की शिकार है!

अपनी जगह की लालसा में

अपने जख़्म बहु पे उकेरती है

और ये पीड़ित सोच

समाज के जड़ों में घुलती जाती है!

हम कब तक और क्यों

इसको ढोते रहें!

हम कब तक इस अभिशाप पे
रोते रहें!

ये हमारी अपनी बुराई है!
ये एक सुखी समाज की लड़ाई है!!

दहेज़

मैं दहेज़ के हत्थे चढ़ गई

छोटी सोच की ज्वाला में जल गई

बापू! मुझे दान करके ये

कैसा पुण्य कमाया तुमने?

बापू! मुझे कदमों में गिराकर ये

कैसा भोग चढ़ाया तुमने?

इन ईंटों के ढांचों को

इन चरमराती कांचों को

इसे कैसे घर कहूँ मैं

मुझ पे नज़र रखी जाती है

मेरे उठते निवाले की हर

कोर गिनी जाती है

यहाँ मेरी ज़रूरत न थी

कोई मेरी हसरत न थी

ऐसे खोखले रिश्तों की

क्यों डोर बनाया मुझको?

ऐसे चुभते तीरों का

क्यों शोर सुनाया मुझको!

मैं, मैं हूँ, ये बात पचती नहीं

मेरी अपनी हँसी इनको जँचती नहीं

उड़ चली थी नये परों पे

आसमान छूना था, शायद

अब ख़ुद के परों की

परछाई भी दिखती नहीं!

मेरे खाने में कमियाँ ढूंढ़ते हैं

मेरे चेहरे की सुंदरता ढूंढ़ते हैं

इतनी कमियाँ गिना दी हैं मुझको

कि कमियों की बोली ही बस बोलते हैं

अब तो मुझको भी गुमां

हो चला है

कि मेरे पुराने परीक्षाफल मुझको ही झूठ बोलते हैं!

मैं थकती नहीं हूँ, ये ढोंग है सारा

फिर आँखों के नीचे है ये कैसा काला

मेरे मन की पीड़ा सुनाई न देती

मेरे आँसू भी तो दिखाई न देते,

मैं थक गई हूँ, यूँ ही मरते-मरते,

कि अब ज़िन्दगी, तू भी मुझको परछाई न देती!

ये कैसी रीति है

जो मैं बँध गई हूँ

मैं चलती कभी थी

अब इनके कंधों पे

दासी-सी लद गई हूँ

ये कैसा खेल लकीर तू कर गयी

मेरे स्वाभिमान को फ़क़ीर तू कर गयी!!

एक रोज़ आईने ने पूछा मुझसे

ये आँखों के नीचे मोठे काजल की परत

इनसे किस भावना को दबा रही हो?

वो जो हद छोड़ें तो अम्बर तक निगल जाये

ऐसे समंदर को क्यों छुपा रही हो??

बाहर आने दो इन्हें

ये मन का शोर

ये जहरीली सांसों का ज़ोर

अब बाहर आने दो इन्हें!

आईने के इतने बेबाक अंदाज़ पे मैं सहमी

कैसे बताऊँ; अपनों की सारी बेरहमी

वधु हूँ इस घर की मर्यादा है मेरी

अपनी आवाज़ किसको सुनाऊँ

कई रिश्तों की सूत्र बनी हूँ, अपने रिश्ते भूल के

कई सपनों की सीढ़ी बन गई, अपने सपने भूल के

हाँ! वधु हूँ इस समाज में

अब मर्यादा है मेरी!!

ये कैसी मर्यादा कि अपने निर्णय तक न लेने दे;

ये कैसी मर्यादा सपनों के अम्बर को न गढ़ने दे;

तेरे हाथ हैं, तेरी साँस है

तेरी प्रतिभा है, तेरी आस है

फिर कैसे और क्यों इतनी दूरी है

कि एक जन्म ही नहीं सौ जन्म भी अधूरी है

क्यों घर की वधु हो कर भी बड़ों के असंतोष का भय है?

क्यों छोटों से बड़ी होकर भी हर किसी के रोष का भय है!!

ये कैसी मर्यादा कि जब तक मानो तब तक उद्धार है

और जो अपनी पीड़ा अपनों से ही बोल बैठे

तो तेरे आँसुओं पे न कोई उदार है!

आईने! तू मेरे ज़ख्मों पे ऐसा प्रहार न कर,

तू मेरा सच है तू ही मुझ संग ऐसा व्यवहार न कर!

चल आज बता मुझे! पूछती हूँ तुझसे

कल को जो इस मर्यादा के बाहर गई

तो क्या तू मुझे पहचानेगा!

मेरी सांसें हैं, तो मेरी भी एक अलग दुनिया होनी चाहिए

ये न कहती कि रिश्तों को मानना नहीं

पर मेरे जीवन का हर अध्याय मुझसे ही होना चाहिए

ये न कहती कि कर्मों को जीना नहीं

पर कर्म मन की ख़ुशी से ही जुड़ना चाहिए!

तू ही बता ऐ आईने!

अपनों से मिलना, अपनों की गलियों से जुड़ना,

ये तो हर इंसा का हक़ है!

फिर भी किसी विवाहिता से पूछ

ससुराल में ही उदय हो और ससुराल में ही अस्त है;

ये एक कड़वा सच है! ये एक कड़वा सच है!!

मैं तो एक छोटा-सा अंग

इस कुरीतियों के वृक्ष का

सच कहूं तो इनके जड़ों का

न आदि है न अंत है!

मैं किसी की दया नहीं, अपना हक़ माँगती हूँ!

इस पक्षपात की दुनिया में, केवल अपने कर्मों का मान चाहती हूँ!!

हाँ! अगर रिश्ता है

तो समानता होनी चाहिए,

किसी के अहम या परंपरा तले

समानता कभी खोनी न चाहिए!

इस पवित्र रिश्ते में अनचाहा-सा दर्जा क्यों?

मेरा पक्ष छोटा और तेरा ऊँचा क्यों??

याद है मुझे विवाह मंडप पे तो कोई शर्त न थी

बिटिया है हमारी, ये वचन यूँ ही व्यर्थ न थे

तो फिर हर दिन एक नई शर्त किसलिए है!

फिर हर दिन रिश्तों का बदलता अर्थ किसलिए है!!

हम क्यों साथ-साथ जीवन की पहेली सुलझा नहीं सकते,

ये जो सरकारें साथ चलने का आगाज़ करती हैं

इस साथ में हम कभी क्यों

वधुओं को मिला नहीं सकते?

एक बंदिश-सी क्यों है हमारी सांसों पे,

एक रंजिश-सी क्यों है हमारी बातों से!

क्यों है अगर हम समझेंगे नहीं

फिर इस अनचाही व्यवस्था पे

कब तक गरजेंगे नहीं?

ऐसा पक्षपात क्यों, क्या इसलिए की मेरी अपनी आय नहीं

इंसान हूँ मैं! क्यों मेरे हक़्क़ों का न्याय नहीं!!

ये रिश्ता होकर भी, कभी रिश्ता बन नहीं सकता

ऐसे सौदों में मन कभी ज़िन्दा रह नहीं सकता

आत्मा पे बोझ बन जायें ऐसे रिश्ते

पर आदमी ये समझ के भी क्यों कभी समझ नहीं सकता?

समंदर की लहरें बाहर ले आईं, मुझ में जो रोष था!

मन में तो आक्रोश था, पर अब मेरा आईना ख़ामोश था!!

किसने कहा कि अपने वर से खुश नहीं

पर इस रिश्ते के खोखलेपन का कुछ उपाय चाहती हूँ

सपनों-सी फ़ितरत है अपनी

अब इस रिश्ते में भी सकारात्मक राह चाहती हूँ!

विदाई से पहले

अपने हक़ और सपनों का रंगीन आसमान चाहती हूँ;

एक यही तो चाह है

कि ऐसी एक सुबह की बेपरवाह शबनम चाहती हूँ!

चाहती हूँ इतना

कि फिर कोई कलम क़ागज़ से न उलझे!

कि क्यों एक रोज़ आईने ने पूछा मुझसे!!

मातृत्व! एक जश्न है जीवन का

जिस उम्मीद की तलाश थी

उसके अस्तित्व का

ठहराव नहीं, एक सफ़र है ये

मंज़िलों की कमी नहीं

संभावनाओं से भरी सोच का

अपनी शक्ति की पहचान का

अपने खोये स्वाभिमान का

अस्तित्व के नये अध्याय का

एक एहसास जो जन्म लेती है

उसकी शुरुआत का

मातृत्व! एक जश्न है जीवन का!

मातृत्व! एक जश्न है जीवन का!!

अपनी आत्मा की सम्पूर्णता का

अपने जीवन की परिपक्वता का

अपने क़दमों की निशां पे

एक नन्हें क़दमों की निशां का

नींद-से भरी आँखों को मलने का

नन्हीं हथेलियों से बालों को जकड़ने का

कभी घुटने, तो कभी हाथों से पलटने का

और कभी बिस्तर के किनारे यूँ ही

सरकने का

एक आवाज़ पे सबके दौड़ने का

और गोद में लेते ही प्यार से तकने का

इन नादां शरारतों में समय के बसने का

मातृत्व! एक जश्न है जीवन का!

मातृत्व! एक जश्न है जीवन का!!

अपनी उड़ान का अंत नहीं

परों को नये सिरे-से

नन्हीं कहानियों में रँगने का

भला कब तक यूँ दबा-कुचला-सा मन

तेरे उत्थान के नये अंक का

जो लड़खड़ाते कदमों को

संभलना सिखा दे

तेरी निष्ठा के हर उस तरंग का

मातृत्व! एक जश्न है जीवन का!

मातृत्व! एक जश्न है जीवन का!!

धिक्कार है! धिक्कार है! धिक्कार है देखो

ये क्या हुआ कि वो आसमान गीला है

ये मुर्दों की-सी बस्ती में

किसका हाथ नीला है

सोना जो चाहूँ! अब मुझे सोने नहीं देते!!

रोना मैं चाहूँ! अब मुझे रोने नहीं देते!!

चीत्कार करती जा रही हर रूह अब देखो

धिक्कार है, हर साँस से पूछो न तुम किसको

जो एक कली खिल रही थी बाग़ में देखो!

ये किसके हत्थे चढ़ गयी धिक्कार है देखो!!

ये कैसा समाज है कि हम सो-से जाते हैं

जो सामने है जागे हैं

वरना खो से जाते हैं

कोई डर नहीं जल्लाद को देखो

ये कैसे बीज रोपे समाज ने देखो

कि कायरों की भीड़ है

इंसानियत गुम है!

हैवानियत का तमाशा सरे बाज़ार अब देखो!!

आज ये पंक्तियाँ कल और न कोई हो

ऐसे कब होंगे पहरेदार अब देखो

कब तक जलेगी आग चौराहे पे यूँ धू-धू

कब पूरी होगी छोटी-सी मुराद अब देखो!!

कब गूँजेगी गलियारों में

बात ये देखो

ये चीखें उठ रही

बारम्बार अब देखो

हर एक कलम जो सो रही हर बार अब देखो!

उनके दिलों में कब जलेगी आग अब देखो!!

अब रोने की मर्यादा बहुत निभा ली है

कलियों को भी तो जीने का अधिकार है देखो

हर पीड़ा पे कब तक ये शाप गूँजेगा

कि इंसानियत तो अब शर्मशार है देखो!

धिक्कार है! धिक्कार है! धिक्कार है देखो!!

धिक्कार है! धिक्कार है! धिक्कार है देखो!!

साँझ नही ढ़ली

कितनी देर से साँझ नही ढ़ली

कितनी देर से रात नहीं मिली

एक हम हैं दिवानों की तरह हर राह निहारते हैं

पर आपकी यादों ने जलाई जो शमाँ, अब तक नहीं बुझी

हर याद की गहराई में

हर धड़कन की परछाई में

एक धुन्ध-सा है शायद

और ओस की बूँदों को कब से सुबह की

परछाई नहीं मिली

हर हसरत की गुंजाईश में

हर सुबह की फ़रमाईश में

एक नूर-सा है शायद

और उसकी कल्पनाओं को वास्तविकता की

अंगड़ाई नहीं मिली!

आओ! अब जोश जगायें हम!!

अपने ज़मीर के घुटने का

अपनी सांसो के रुकने का

अपनी प्रतिभा के खोने का

क्यों न अब शोक मनायें हम

भर हुंकार सांसों में आज

जर्रा-जर्रा थर्रायें हम!

आओ! अब शोक मनायें हम!

आओ! अब शोक मनायें हम!!

उस बचपन का! उस सपने का!

उस हर माँ के दिन-रात कल्पने का!!

अब बहुत हो चुकी कायरता

आओ! विध्वंस मचायें हम

न ग्रास बने अब और कोई

जीते-जी कुछ कर जायें हम

आओ! अब शोक मनायें हम!
आओ! अब शोक मनायें हम!!

न तुम्हीं निहत्थी आई हो
बाकि सब भी आयें हैं
सब सांसों का खेल है
नश्वर शरीर ही पायें हैं!
हममें ही कोई झाँसी है
हममें ही कोई जोधा है
तन के पिंजरे में सांसो को
आने से किसने रोका है!

घर की इस चार-दीवारी से
थोड़ा बाहर तो आयें हम!
आओ! कुछ शोक मिटाएं हम!
आओ! कुछ शोक मिटाएं हम!!

ये घूँघटे की आड़ कब तक?
ये परदे का भार कब तक?
बिंदिया तब तक ही शोभा दे
गर न हो कोई ज़ोर-ज़बर,
पायल छीने तब आज़ादी
जंजीर-सी जब कसने पर!

जिस बात से मन कुंठित हो

अब तो अधरों पर लायें हम;

आओ! अब शोक मिटाएं हम!

आओ! अब शोक मिटाएं हम!!

तुम दुर्गा हो! तुम काली हो

यूँ घुट-घुट के रोना कैसा?

उस जटाधारी की शक्ति हो

यूँ डर-डर के जीना कैसा?

तुम अबला हो! तुम सबला नहीं

ये कैसा झूठा शोर है,

पैरों में बांधें बेड़ियाँ

कुंठित समाज की सोच है

तांडव की इस अग्नि में,

बन काली अट्टहास लगाएं हम!

आओ! कुछ जोश जगायें हम!

आओ! कुछ जोश जगायें हम!!

तुम सृष्टि हो! तुम तांडव भी

तुम धर्म-युद्ध का गाण्डीव भी

धृतराष्ट्र की दृष्टि तुम हो

और भीष्म की अपार क्षमता तुम

कर्ण के मन का घाव तुम्हीं
और कान्हां की माँ-सी ममता तुम
तुमसे ही जब सब आए हैं
फिर किस बात की अबला हो!

इन शोर मचाने वालों को
इन कवियों की कविताओं को
एक नई दिशा दे जाएं हम
आओ! अब जोश जगायें हम!
आओ! अब जोश जगायें हम!!

हाँ! कमी है हममें
स्व पहचान की
अस्तित्व! स्वाभिमान की
कैसी रीति! कैसा रिवाज़
कि हम आगे बढ़ने से रुकते हैं;
सांसों में भरकर सिसकियाँ
जाने किस अग्नि में जलते हैं
हम कायर नहीं जो इस भांति
अपना गुरुर छिपायें हम
आओ! अब जोश जगायें हम!
आओ! अब जोश जगायें हम!!

सामाजिक चेतना

एक रंगमंच है

एक रंगमंच है;
जैसे जादू का तंत्र है
आज उगता-सा सूरज
कल वही खंड-खंड है!

ये कैसी जात-वात है
न कभी रुकती-सी बात है!
आंखों के सामने धुआँ
मलो तो बरसात है!

मौसम का रुझान क्या!
बादलों का बहाव क्या!!
हवा बड़ी मनमस्त है
आज आस-पास तो
कल ठिकाने का हिसाब क्या!

बड़ा बंजर-सा सफ़र

कैसी पैनी-सी नज़र

खाद-पानी से रहित

फिर भी उगने की प्यास है!

जो आए खेल रचता चले

जैसे मंझा कलाकार है

कभी ख़ुद नाचता फिरे

कभी मदारी का इंतज़ार है!

बड़ी भीड़ जुटती रहे,

जैसे बंदर का नाच है

ये! कैसा रंगमंच है!!

ज़िन्दगी का एक आइना

क्या वो ज़िन्दगी का एक आइना था
या मेरी कल्पनाओं की एक और उड़ान!

अधनंगा, सूनी आँखें

प्यास से कांपते होंठ

अगर वो जीवन का सच था

तो वक़्त के दीमक ने उसे क्यों चाटा था!

मेरी तरह उसमें भी जीने की ललक थी

स्वाभिमान, आत्मविश्वास

सपनों को सजाने की जद्दोजहद थी!

तो फिर क्यों वो दो पैसे के लिए

अपनी मर्यादा गिराने को तैयार था!!

आँखों में एक आकर्षण था

दर्द, टूटे सपनों के आँसू

प्यार की तलाश

और ललाट पर काल के निशान!

क्या वो मेरी तरह

इस संसार का भविष्य था!!

आज फिर वही बात है

आज फिर वही बात है

कुछ सूखे से आँसू

मुस्कुराती गालों का साथ है;

आज फिर वही बात है!

आज फिर वही बात है!!

सिसकती क़दमों की धुन में

सुनहरे ख़्वाब ढल गए!

ग़ैरों की बुनियाद थे कभी

अपनी बुनियाद ढल गए

जहाँ देखो सौ कहानियाँ

छूटे हाथों की बरसात है!

टूटा-सा लगता क्यों है;

दो पलकों का जहाँ!

क्या हुआ, कैसे हुआ

सोये हम थे तब कहाँ!

प्रश्न अब सोने न दे

खुल के अब रोने न दे

कैसे समझेंगे भला

घर क्यों पैदल चल पड़े!

अपनी बुनियाद को

शहरों की रात को

कैसे समझेंगे वो नन्हे-से कदम

जो जागे कल रात को!

माँ ने कल खाया नहीं,

लोरी भी तो गाई नहीं;

कैसे समझेंगे वो नवजात शिशु

क्यों कल मिला कोई निवाला नहीं!

हर कहीं डर-सा क्यों है,

सपनों का अभाव कल-सा क्यों है

जग का हर शख़्स हर कहीं

परदे में छुपा अपनी ही नक़ल-सा क्यों है?

किससे बचने के लिए

किस पन्ने को लिखने के लिए

ये कैसी लड़ाई है हर तरफ!

और मन भी रूठा-सा क्यों है?

क्या हुआ जग झुलसा-सा है
जैसे अभिशाप-सा है
फिर वही बात है!
फिर वही बात है!!

कहाँ देखें; हम किधर
जो दिखे सपनों का नगर
खुली पलकों में कहीं
छुपा जीवन का सफ़र
और सौ जज़्बात साथ भी है!
फिर वही बात है!
फिर वही बात है!!

वो सुबह आयेगी
बस इतनी-सी तो बात है
तूफ़ानों के बाद ही तो
आसमान नीला साफ़ है
ऐ दिल तू सुन ले ज़रा,
परों को यूँ न जला!
सिर पे नये तारों को सजा
ख़्वाहिशों को दिल में भर
आज जो आँसू गिरे,
फूटेगा वहीं पौधा नया!

बस इतनी-सी तो बात है!

फिर वही बात है!

फिर वही बात है!!

काश! मुझसे कुछ हो पाता!!

अभी कुछ दिन पहले नई नौकरी लगी है

पत्रकार बन आइने में न समा रही है

एक नई बंडी पास वाले दर्जी से सिलवाई थी

पहन के ख़ुद पे बड़ा इतराई थी

दिल्ली में नया आर्टिकल लिखना है,

कुछ नए मेट्रो बन रहे हैं

मापदंडो को बारीकी से परखना है!

ज्वाइन करते ही दिल्ली भेज दिया

अब बाहर जाने के दिन गिनना है!

एयरपोर्ट के बाहर

यही सब सोच-सोच खड़ी थी

रात का समय था

पर भीड़ की न कमी थी

एक कैब वाला मिला

मैंने थोड़ी मोल- भाव की

मैडम जी! आप भी क्या बात करती हैं

रेट काफ़ी बढ़ गया है

आप कहाँ रहती हैं

भैया! मैं तो इतना ही दूंगी

रेट तो मेरे लिए भी बढ़ा है

मुझे भी है पैसों की तंगी!

अवाक्-सा मेरा मुँह देख रहा था,

जैसे कहने में कुछ न सूझा था!

काफी जद्दोजहद कर मैंने बात मनवाई,

एक सूटकेस और एक बैग अंदर रखवाई!

अभी बैठे थोड़ी देर भी न हुई थी

कि झपकी से आँख मुंद चुकी थी

थोड़ी साँस की तकलीफ़-सी महसूस हुई थी

आने से पहले कुछ-कुछ दूसरों से सुनी थी

वो जो नया मास्क एयरपोर्ट पे लिया था!

अब मेरे चेहरे का नकाब बन चुका था!

होटल पहुँचते काफी देर हो चुकी थी,

पैसे लेकर कैब वाले की भौंयें चढ़ीं थीं!

मैंने होटल में अपना चेकइन करवाया

अगले दिन के उत्साह को मन में दबाया!

सुबह का अलार्म टाइम से बजा था
मैंने जोश से पैर ज़मीन पे रखा था

तैयार होने की थी जल्दी
सारे डाक्यूमेंट्स फिर से पढ़े थे!

नयी बंडी भी डाली, सोचा बालकनी में बैठूँ,
इस नये शामियाने में कुछ देर और रह लूँ!
परदे जो खिसकाए, तो होश उड़ गए थे
कोहरे से शहर के सब रंग ढक चुके थे!

मन गुस्साया, कैब वाले ने क्या बदला निकाला,
कम पैसे दिये तो क्या शिमला पहुँचाया!
बैग लटकाया, रिसेप्शन की ओर भागी
दिल्ली ही है मैडम! आप सही जगह जागी!

असमंजस लिए मन को समझाया,
पर जो सोचा था उससे काफी अलग पाया!
शहर और देखने का मन था
कुछ रिक्शों के अलावा रास्ता सन्न था!

एक रिक्शा काफी कम पैसे पे मनवाया
अपनी इस कला पे मन-ही-मन मुस्काया

जो आगे बढ़ती जाती, होटल भी छुपा था
कोहरे से पूरा शहर ढक चुका था!

खाँसी फिर से शुरू हो चुकी थी
मास्क की चादर मुँह पे रखी थी,
ये ऐसा मौसम? कब से है भैया?
मैडम जी! आप नये आये हो क्या?

ये सांसो की तंगी, ये जहर-सी घुलती
सब कहते हैं जब आग जलती
डरा-डरा है हर मन यहाँ पे
नये रोग हैं दिखते जहाँ पे!

अभी कल की ही तो बात है मैडम जी!
मेरे एक मित्र की हालत थी बिगड़ी,
लेकर जो पहुँचे हस्पताल
तो डॉक्टर ने समस्या गिना दी!

कि पहला अटैक है आया तुमको
अब दूसरे से ख़ुद को बचाओ
वो डरा-सा घर पे है बैठा
पैसे की तंगी, खाने के लाले!

दो-तीन बच्चों की ज़िम्मेदारी

भला वो कैसे टाले!!

जब मिलता है कहता थोड़ा अभी दे दो

तेरे कर्ज़ मैंने कब न उतारे!

बड़ा अजीज़ है वो दोस्त मैडम जी

इसलिए तो सबसे छुपाके मैंने थोड़ी दी

लेकिन कब तक छीनूं अपने बच्चों के निवाले

ये आत्म-ग्लानि मुझे पल-पल जला दे!

एक अजीब-सी ख़ामोशी थी अब छायी!

वो कोहरे की थी या मेरे अश्क़ बहे थे

मैं समझ न पायी!!

उसने ही बात बदली, बड़ा प्रैक्टिकल बंदा था

साँस चढ़ रही थी, खाँस भी रहा था!

अरे भैया! तबियत ठीक नहीं तो रहने दो

कोई दिक्कत नहीं मुझे कैब करने दो

नहीं-नहीं मैडम जी! ग़रीब हूँ पेट पे लात न मारो,

आपको तो कुछ भी मिल जाये, मेरी कमाई न काटो

ये तो रोज़ का काम है,

जब सोऊँगा तब तो आराम है!

भैया! किसी ने कोई सुविधा नहीं दी

मैंने बात बदलनी चाही

दिया तो है, मास्क जी!

बच्चों को कैसे पहनाएं

डर लगता है कोहरे में न लुक-छुप जायें

कहते हैं घर पे रहो ज़्यादा

पेड़-पौधे लगाओ, ख़ुद को बचाओ

आप ही बताओ, जिनकी हर दिन की रोटी सड़क पे रखी हो

चाहे धुँध से मन ढका हो या आँखें ढकी हो

वो कैसे न जाये, जो अपनों की आँखें बहीं हों!

बात-बात में हम ऑफिस थे पहुंचे

ऑफ़िस तो न दिख रहा था

दिख रहे थे ऑफ़िस के दो-तीन बाशिन्दे

मैंने थोड़े ज्यादा पैसे देने चाहे

पर उस रिक्शो वाले ने चेंज तक लौटाये!

शर्मशार खड़ी थी मैं, ये क्या कर बैठी

पहली बार उसने नई सीख दे दी

पैर थे शिथिल, मैं चुपचाप खड़ी थी

इतनी समस्या और मैं कैसे जी रही थी?

वो जो हँसकर चला गया,

वो खुलकर रो पाता;

काश! मुझसे कुछ हो पाता!!

काश! मुझसे कुछ हो पाता!!

आओ! कुछ यूँ नशा करें

आओ! कुछ यूँ नशा करें

जीवन के चंद लम्हों का!

हो सके तो हर पल चखें

स्वाद हो जैसे सपनों का!!

जीवन की हर अदा हर तरह से

निराली है;

कभी कुछ सूखे पत्ते

तो कभी शाखों पे नाज़ुक-सी हरियाली है!

आओ! अब बस हम सोचें

ये कैसा भेद परिवर्तन का!!

कैसे इतने मूढ़ हैं हम!

कि बैर लेते रहते हैं

वो जो पल अनमोल है

उस पल से ही रूठे रहते हैं!

आओ! नींद में खोतें हैं,

नव अंकुर फिर से बोतें हैं,

हर पल में मन से रोतें हैं,

कितना मज़ा हो संपूर्ण समर्पण का!!

ये कैसा पहरा मन पे डाला?

कि बात-बात पे भेद दिखे

कोई छोटा, कोई लम्बा

और हाथों से फिसलता रेत दिखे!

कोई सुवर्ण कोई काला, जो भाये न कोई जी को तो

अपनी व्यथा ही दे डाला!

इस जीवन की चाशनी को,

जलते विष से क्यों धो डाला

आओ! इस विष की पीड़ा को,

तुच्छ सोच की क्रीड़ा को,

भर करतल अब प्रवाह करें!

कितना पुण्य हो उस अर्पण का!!

कैसा ये शोर हर ओर है

कि आवाज़ ही खोयी है

हर अंजुमन की हर साँस में

हर नज़्म आज फिर रोई है

कैसे रिश्ते नाज़ुक से हैं

ये कैसा जीवन पिरो डाला!

अपनी ऑंखें धूमिल-सी हैं

और थोड़ी अपनों की भिंगों डाली

आओ! जीवन की परिभाषा को

हर मन में छुपी हताशा को

धूमिल कर नया इतिहास रचें!

कितनी सौम्य हो छवि उस दर्पण की

आओ! कुछ यूँ नशा करें;

जीवन के चंद लम्हों का!

हो सके तो हर पल चखें

स्वाद हो जैसे सपनों का!!

बड़ी बुरी लत है

बड़ी बुरी लत है हमें

ज़िन्दगी जीते रहने की!

वक़्त के थपेड़ों ने न जाने

कितने बर्बाद किए आँसू

पर हर सुर्ख होठों पे

मुस्कान भरते रहने की!!

अभी कल की ही तो बात है

दिल ज़ार- ज़ार फिर रोया था!

आँखों ने देखी वो कड़ी

जालिआं वाला बाग तो अब तक भी न सोया था!

चलते-चलते कुछ नये किस्से

उस काल रात में जागे थे!

आँखों से बहते हर कतरे से

नए अध्याय जुड़ जाते थे!

हममें कितनी ही शक्ति है
हम खोके ही फिर पाते हैं
हममें जीने की हर ख़्वाहिश
बुझते-बुझते जग जाती हैं!

हम किस मिट्टी से बन बैठे
ख़ुद हम भी तो अनजान हैं;
जागे-सोते, हंसते-रोते
फूँकें हर सपने में प्राण हैं!

कितनी नन्हीं वो गाथा थी,
कि अब भी नई-सी लगती है
जब भी देखें नंगी आँखें
दिल के टुकड़े कर जाती है!

हम तब भी उठ कर खड़े हुए
हाथों पे लकीरें गढ़े हुए
कितनी ही पीड़ा देखी पर
आँखों को फिर मसलते हैं
एक नयी सुबह, एक नयी दुनिया
के ख़्वाबों में पला करते हैं!

आवाज़ ढूँढा करते थे
बुनियाद बनानी थी शायद
गाँधी के सौ-सौ हाथों को
इतिहास बनाना था शायद

वो भगत, सुखदेव, राजगुरु
की उम्र ही थी कितनी?
पर नये सपनों की मशाल लिए
हर सुबह सजानी थी शायद!

आज़ादी कैसी चिड़िया थी
कि हर मन ही मतवाला था,
नाम, शोहरत छोड़छाड़
बस सूली पे चढ़ जाता था!

वो दुनिया कुछ और ही थी
कि मन से सारे जागे थे
दाना न था, आराम का क्या
पर हाथ आगे न पसारे थे!

सच! आज भी कितना जिवंत-सा
सच! आज भी कितना जीवित- सा

सौ आँखें हमको तकती हैं

आशाओं से भरती हैं!

उन आँखों में वो जूनून भी है

उन आँखों में जीने का सुकून भी है

वो आँखें जिसने देखे ये दिन

उन आँखों में जीवन का

हर अध्याय कितना सच्चा लगता है

झकझोर दे अंदर से वो

तन सिहरा-सिहरा लगता है!

उनकी नंगी-सी सच्चाई

मन को आज भी सिखाती है

उनकी भीगी-भीगी पलकों में

कोई कायरता नहीं छुपाती है

क्या काल था वो!

क्या हाल था वो!!

मानवता को किया शर्मशार था जो!

पर उस अँधेरे में भी

सुबह के दिए जलाते रहने की!

सच! बड़ी बुरी लत है हमें

ज़िन्दगी जीते रहने की!!

वक़्त के थपेड़ों ने न जाने

कितने बर्बाद किए आँसू

पर हर सुर्ख होठों पे

मुस्कान भरते जाने की!

सच! बड़ी बुरी लत है हमें

ज़िन्दगी जीते रहने की!!

इंसानियत कहाँ मरती है मेरे दोस्त

वक़्त-बेवक़्त बंद मन के झरोखों में सोती ज़रूर है

पर इंसानियत कहाँ मरती है मेरे दोस्त!

तेरे मेरे स्वार्थ पे रोती ज़रूर है!

पर आँखों के हर कतरे में रहती है मेरे दोस्त!

इंसानियत कहाँ मरती है मेरे दोस्त!!

लो! आज के इस माहौल को ही ले लो

रूह डर से काँपती

आँखें पर्दों से झाँकती

सड़कों की वो धूल अब दिखती नहीं है!

महफ़िल की वो शाम मिलती नहीं है!!

पर इस बिगड़े से हाल में

कुछ लोग यूँ खड़े हैं;

नवतरंगों के कम्पन से

इस दुनिया को रंग रहे हैं

जो सांसों की हो दिक्कत तो

नब्ज़ वो ही थामे

न अपनी कोई परवाह

हताश जन में आत्मीयता भर दे!

डर इनको भी है लगता

घर पे है कोई राह तकता

पर जो कर्म के पुजारी

वो कैसे थक जायें!

वहां कुछ लोगों की बस्ती

हर शख़्स को रोकें,

इस बात की नज़ाकत

पे अब भी क्यों न चौंकें!

वर्दी में खड़े हैं,

क्यों चिंता में पड़े हैं,

हर आते-जाते को रह रहके टोकें

जिनको जानते नहीं

क्यों उनकी राह रोकें!

क्या गरज़ पड़ी है

सबको बचाने की

जो सुनते ही नहीं
उनको समझाने की

इस अनिश्चितता से
उबरने का प्रण ले लिया है,
उस हँसती सुबह का
वादा हर मन से किया है!

कुछ लोगों ने थामी
कलम है जब से
हर बार उठ खड़े हों
दूजों के लिए तब से
न आँखों में ही नींद
न आराम की फ़िक्र है!

उसपे मंत्री जी की दृष्टि
भी चारों तरफ है,
कैसे बचायें विपदा
बस इसकी तड़प है!

अब ये इंसानियत नहीं
तो और क्या है कहना,

दूजों के लिए हर पल

चुप-चाप चलते रहना!

अपनी ही है धरती

अपना ही है जीवन,

हर दर्द को सीने के

लिए वचनबद्ध है!

ये पागलपन ही समझो

अब तो गुरुर है,

हर बंद रास्ते में ही

रहने का सुकून है!

अँधेरे से ही

रौशनी आती ज़रूर है

इंसानियत को समझो

बस एक सरूर है!

तेरे-मेरे स्वार्थ पे रोती ज़रूर है;

पर आँखों के हर कतरे में रहती है मेरे दोस्त!

इंसानियत कहाँ मरती है मेरे दोस्त!!

वो सुबह आएगी पापा!

हाय! क्यों होती है ये मानसिक पीड़ा

वो भी एक लड़की, उसका तो इसने सब कुछ छीना

किस हाथ सौपूँ इसे, हर हाथ देता मुझे चिढ़ा!

हे प्रभु! ज़िन्दगी की ये कैसी दुविधा

हाय! क्यों होती है ये मानसिक पीड़ा!!

कह के मेरे पिताजी रो पड़े थे,

माँ काँप रही थी और हाथ हिल रहे थे!

मेरी ग्रेजुएशन अभी कल हुई थी,

ट्रैन से उतर के दरवाज़े पर खड़ी थी,

सुनके अवाक्-सी खड़ी रह गई मैं

ये क्या किस-किस बात से परे रह गई मैं!

जो बैग था संभाला, अब संभाल न पाई

माँ-पिता की आँखों से बचा न पाई

अरे बेटी! तुम, तुम कब आई?

कह के माँ दौड़ी, पिताजी खड़े थे,

बड़ी मुश्किलों से आँसू ढक रहे थे

पैर छूये, तो पिताजी ने नज़रें चुराई

बिटिया तुम कितने बजे की ट्रेन से आई

ख़बर किया होता, हम भी आ जाते

और दीदी, दीदी को भी लाते

कहते-कहते दोनों थे गुम

अच्छा! थोड़ा हाथ-मुँह धो लो तुम!

माँ ने झटपट बात बदलनी चाही,

माँ तुमने मुझसे कोई बात तो न छुपाई?

अरे कौन-सी बात बेटी, ये क्या कह रही हो!

दूर से आई, थकी लग रही हो

अच्छा दीदी कहाँ हैं? उनसे बात नहीं हुई

जब भी कॉल करती, वो नौकरी पर गई

माँ! दीदी का वो फेवरेट झुमका लाई हूँ

उनकी वजह से आज मैं डॉक्टर बन पाई हूँ!

सोचती हूँ हमेशा

दीदी है जैसी, काश! मैं भी कभी वैसी बनती!

माँ आँचल संभाले रोने लगी थी,
पिताजी की ओर मुँह करके खड़ी थी!
माँ! दीदी कहाँ है कुछ तो बताओ
मैं बिटिया तुम्हारी मुझसे न छुपाओ!

किसी डर से बैठा जाता था मन

संभाल न पाई क़दमों को

दीदी के कमरे की ओर दौड़ी उसी क्षण

पहले खटखटाया पर अंदर से कोई जवाब न आया

हाथ काँप रहा था, मन कुछ भाँप रहा था

माँ-पिताजी को देखा, वो उठ खड़े थे,

शायद वो मेरी पीड़ा समझ रहे थे,

दीदी! ओ दीदी! दरवाजा तो खोलो

तेरी छोटी है, ज़रा कुछ तो बोलो,

फिर से खटखटाया, पूरा दम लगाया

दरवाज़ा तो खुला था, पर कोई बाहर न झाँका!

मेरे पैरों से जान निकल रही थी

माँ-पिताजी मुझे अब पकड़ कर खड़े थे

जहाँ रौशनी का बसेरा था, अब सिर्फ़ अँधेरा दिख रहा है!

माँ-पिता से पूछने में कुछ अब डर लग रहा है

फिर भी ख़ुद को संभाला, आगे बढ़ी मैं

बल्ब को जलाया और ख़ुद जल पड़ी मैं!

कमरे का नज़ारा बदला पड़ा था,

हर रखने की जगह अब दवाई का बक्शा रखा था

वो जो साफ़-सफाई के बिना रह न पाती

उसकी हर किताब अब धूल से ढ़की थी

नज़रे घुमाई तो मछरदानी लगी थी

मेरी वो प्यारी दीदी अंदर बेसुध-सी पड़ी थी!

चेहरा अब पहचान से परे था,

मेरे अंदर कुछ टूट रहा था;

लड़खड़ाती कदम से दीदी के पास बैठी

दीदी! आँखें तो खोलो देखो तुम्हारी छोटी!

आँसुओं का सैलाब थमते न थमा था,

आँखों का समंदर सब्र छोड़ बह चला था

काँधे पे जैसे किसी ने हाथ धरा था

बेटी! एक साल पहले इसने कुछ कहा था

फिर न जाने कैसे पहला दौरा पड़ा था

दीदी के होठों से हँसी भी उड़ाई

तब से हर महीने डॉक्टर आते हैं,

न जाने कैसी दवाई दे जाते हैं,

कहते हैं सुधार जल्द होगा!

पहले-सी न होगी, थोड़ा दिमाग मंद होगा!!

पर घबराने की बात नहीं है!

ये भी दिन है, कोई रात नहीं है!!

तुम कितना भी चिल्लाओ वो सुन न सकेगी,

तेरी कहानियाँ अब वो बुन न सकेगी,

दिन-रात बस सोती ही रहती

बड़ी मुश्किलों से निवाला है लेती,

कोई सुध नहीं है,

है कौन आता, कौन जाता

ज़िन्दगी उसकी रुक-सी गई है!

वो जो पढ़ाई में अव्वल थी आती

उसकी ही बुद्धि उससे रूठी पड़ी है!!

पिताजी ने जिसे भी समस्या बताई,

मदद तो न दी, दूरियाँ बढ़ाई

तुम्हारी पढ़ाई हो पूरी चाहती थी,

इसलिए हमने तुमसे ये बात छुपाई

मुड़ के देखा, माँ बदल चुकी थी,

सब कुछ संभाले वो साथ खड़ी थी,

पापा भी दरवाज़ा पकड़े खड़े थे,

अंदर आने की हिम्मत कर रहे थे!

तू हर बात पर है रोती रहती,

तू बहादुर है या कायर है छोटी

दीदी की आवाज़ हर कोने गूँज रही थी,

जैसे हँसते-हँसते मुझे पूछ रही थी!

तुम्हें आगे है बढ़ना

जो हम कर न सके, वो तुमको है करना

हो बेटा या बेटी, फ़र्क नहीं पड़ता!

जो तुमने है ठाना, बस वो कर गुज़रना!

हिम्मत मेरी जैसे फिर से जुटी थी!

उस पल ने मेरी कहानी बदल दी थी!!

लो दीदी! ली आज प्रतिज्ञा:

अब से ये आँसू न झड़ेंगे

चलना है अब फर्ज़ पर,

फ़र्क नहीं पड़ता कैसे जीयेंगे

हिम्मत जुटाई,पापा के पास पहुँची,

पापा! डॉक्टरी अब मैं यहीं करूँगी!

हम जल चुकें हैं, तुम क्यों जलोगी

ये रास्ता बहुत कठिन है, तुम न सह सकोगी

होली भी फीकी, दिवाली भी फीकी!!

अपनों ने भी सारे हाथ खींचे!

किसी के दरवाज़े अब क्यों लेके जाऊँ

अपनी लाड़ली को हँसी का पात्र क्यों बनाऊँ

निभानी है हमको, निभा के रहेंगे
जब तक हैं, लाड़ली को बचा के रहेंगे!

तुम्हारी तो पूरी ज़िन्दगी पड़ी है!
सपने पड़े है, डॉक्टरी पड़ी है!
तुमसे न चाहा कि तुम दो आहुति
एक कन्यादान तो करने दो बेटी!!

दोनों बेटियों का जीवन जला दूँ;
तेरी वो माँ नहीं है, मैं वो बाप न हूँ;
हम दोनों ने अपना लिया है ये जीवन!
कह के आँसुओं में खो गये दो नयन!!

पापा को संभाले अब मैं खड़ी थी!
एक नये संकल्प से अब मैं भरी थी!!

जो बात सोच ली, उसको निभाने दो;
वो सुबह आएगी पापा! वो सुबह लाने दो!!

सर्ग चार:

हास्य व्यंग्य

इंजीनियरिंग के मारे

अपनी ही प्रोफ़ाइल से हारे
हाय! हम इंजीनियरिंग के मारे!

पहले कभी हर दिन
प्रैक्टिकल में दिखते थे तारे
अब अपनी ही आशाओं से
रुक-रुक कर हारे
हाय! हम इंजीनियरिंग के मारे!

ऐसी ही कुछ-कुछ बात थी
मेरी प्रिय सहेली एक अरसे बाद साथ थी

और कैसा है हालचाल तेरा
एक फ़ोन न मिलाया तूने मेरा

अरे क्या बताऊँ
मैंने कहा

बाकी सब तो ठीक है, पर एक दुविधा है आजकल

और तू बता

क्या कहूँ इंजीनियरिंग के दिन

ही प्यारे थे

न थी कोई उहा-पोह

दोस्तों का साथ

और सपने सारे न्यारे थे!

नौकरी तो ठीक है

बस! आंटीजी के प्रश्नों से तबाह हूँ

मानो उनकी हर जिज्ञासा की

एक मैं ही दवा हूँ!

सुबह-सुबह जब ताके वो

ऑन-साइट के प्रश्नों को दागे वो!

अच्छा बाकी सब तो ठीक है बेटी

कब है जाना तुम्हें बाहर

अब मेरी भतीजी को ही ले लो

थक-सी गई है बाहर जा-जाकर

ऐसी भाव-भंगिमाओं से

वो प्रश्न करे

मानो! वक़्त-बेवक़्त मेरे

ऊपर प्रश्नों का तमाचा जड़े!

कोशिश आजकल रहती है

उनसे बचे रहने की

घर जब भी पहुँचूँ मैं

दबे पाँव चलते रहने की

उनके दरवाज़े पे हलचल देख

दुपट्टे में छुप जाती हूँ;

आजकल घर के पिछवाड़े से

लुक-छुप घर में जाती हूँ!

अरे! अभी कल ही तो मैं

वर्मा जी के लॉन में कूद पड़ी,

अब क्या पता वो झबड़ा कुत्ता

कैसे उस पिशाच के जबड़े से बची!

अब तो ऑन-साइट का तख़्त लिए

सपनों में भी आती हैं

अपनी भाव-भंगिमाओं से मेरी

नींद उड़ा जाती हैं!

तेरी कहानी तो बड़ी विचित्र है

मैंने कहा

हाल! मेरा भी गंभीर है

अब तो यहाँ!

शादी के समय माताजी

बड़ी ख़ुश थीं मेरी प्रोफ़ाइल से

बड़े लड्डू बाँटे और

ख़ुद भी रोई मेरी बिदाई में!

अब उसी प्रोफ़ाइल से दिल मेरा ख़ौफ़ज़दा है

जब से मैकेनिकल का अर्थ उन्होंने कहीं से सुना है!

अब तो घर में कुछ भी टूटे

तो लगता है मेरी हुनर ही इसकी दवा है!

बहु! ज़रा मेरा चश्मा टूटा

वो शर्मा जी के घर का कनेक्शन छूटा!!

कभी रेडियो में चैनल नहीं पकड़ते
तो कभी बग़ल वाले बंटी की साईकल के पहिये
ज़मीन को नहीं जकड़ते!

अभी कल ही तो बंटी की साईकल

पकड़ लायी सामने मैदान से

बहु! इसकी घंटी में है गोलमाल

दे मारी मुझे आज

तुम देखना ज़रा ध्यान से!

अब तो बंटी की मम्मी भी

साईकल लिए दरवाज़े पे खड़ी रहती है

जो थोड़ी हवा भी चली जाये

तो कम्बख़्त मुझे ही पकड़ती है!

अभी कल ही तो जब काम से लौटी

तो मैदान में मजमा लगा था,

घरों में अँधेरा और

हर शख़्स बाहर खड़ा था,

अभी घर में घुसने ही वाली थी

कि बावले मोहन ने चीख़ लगायी

अरे दीदी! आप अभी आई

माताजी के चेहरे पे जैसे
हरियाली आयी थी
मेरा नाम लेके जैसे उन्होंने
मेरी आँख फड़कायी थी!

बहु! इस ट्रांसफार्मर में
कोई आग जली है
ज़रा देख इस मशीन में
अब क्या न सही है!

माताजी! मगर सुनिए तो
मैं कैसे चढ़ पाऊँ
किसी बिजली कर्मचारी को बुलाओ
ये गुत्थी मैं कैसे सुलझाऊँ

हाय! तब जाकर मैंने चैन की साँस ली
जब बिजली कर्मचारी की सायरन सुनी

तब से उस ट्रांसफार्मर से खौफ़ रहता है
बिजली आने पे ही मोहल्ले में घुसने का मन करता है

कहानी तो तुम्हारी भी
ख़तरनाक है

चलो! आज तो माताजी अपनी
सहेली के साथ है!

कुछ-कुछ यूँ ही सिलसिला था
कि तभी एक हंगामा हुआ था
मोहन! चाय रखकर बाहर दौड़ा
न जाने! अब आगे क्या होगा

जिस गति से बाहर भागा
उसी गति से लौटा था
दीदी! माताजी रिक्शे वाले पे भड़की
कम्बख़्त फिर से मेरी आँख फड़की!

माताजी चिल्लाती,
लोगों की भीड़ आती,
मेरी नब्ज़ कुछ रुक-रुक के चल रही थी
रिक्शे वाले की आवाज़ सब पे भारी पड़ रही थी

अरे! बावला हो गया है क्या
माताजी चिल्लाई
इतने पैसे कोई देता है क्या
मैं सकपकायी!

बहु! पूरे रास्ते इसने घंटी
न बजाई

रिक्शे वाले ने भी दहाड़ लगाई-
अरे माताजी! आपने तो मेरी
संयम की बाँध गिराई

मैं हड़बड़ाई-
अरे क्या हुआ भैया?
माताजी आपने तो मुझे कुछ न बताया

रिक्शे वाला झल्लाया-
अरे सुनिए मैडम जी!
माताजी के कानपूर में हड़ताल चल रहा है!

माता जी का जवाब आया-
अरे! ये बावला अब क्या जड़ रहा है?

घंटी तो मैंने बजाई
पर पूरे रास्ते चिल्लाती आई हैं
हर मोड़ पे हर वाहन को
दहाड़ती आई हैं

मेरी जो प्रताड़ना हुई

उसकी भरपाई चाहिए

आपके माताजी के कानों को

थोड़ी डॉक्टरी दवाई चाहिए!

रिक्शे वाले ने गुहार लगाई

अरे माताजी! आपकी कान की

मशीन कहाँ है?

अरे बहु! अब तूने क्या बुदबुदाया

यहाँ है??

इस कम्बख़्त को किसने वाहन चलाने

की अनुमति दी!

पता है! आज तो लगा कि हमारी जान ही

इसने ली!

क्या! अब इन्हें मेरे रिक्शे चलाने

पे भी है आपत्ति

अब तो तिगुना लूँगा

हाय! मोहन अब ये कैसी आई बिपत्ति

अब कैसे सुलझेगी ये गुत्थी!

तभी माताजी चिल्लाई

बावले की घंटी उठाई

बहु! क्या तुमने ऐसी घंटी बनाई?

मेरी तो नब्ज़ जवाब दे रही थी

तिगुना कितना है होता

मन में हर तरह से जोड़ा

और बटुए लाने भाग रही थी!!

ये सड़कों के गड्ढे, बड़े वड्डे-वड्डे

जहाँ देखों इन गड्ढों की यही गाथा

कहीं चाँद पूरा! कहीं आधा-आधा!

किसी के काम ये आएं-न-आएं

आशिक़ों की बाइक से जब ये टकराए

फिर मानो-न-मानो

जानो-न-जानो

उनके प्रेमालाप में न हो कोई बाधा

जिधर देखो कान्हा! जिधर देखो राधा!

छूट दे दो तो बन जाएं

आशिकों के अड्डे-अड्डे

ये सड़कों के गड्ढे, बड़े वड्डे-वड्डे!

कभी हुई जो बारिश निरंतर

बन जाएं ये बावले जल-समंदर

ले आओ पतीले, चाहे कनस्तर

उपाय है सुझा एक ब्लॉकबस्टर

इस पानी की समस्या से निपटने का साधन

अपने बनाए ये अद्भुत संसाधन!

क्यों न यहीं गाढ़ें

इस आंदोलन के झंडे-झंडे

ये सड़कों के गड्ढे, बड़े वड्डे-वड्डे!!

योगा क्लासेज की कुछ दिनों से

शिक्षा चल रही थी,

मैं सकारात्मक सोच लिए मन-ही-मन

बढ़ रही थी!

तभी अचानक बचाओ-बचाओ

की आवाज़ गूँजी

सभी दौड़े, कोई हादसा है भाई

एक नौजवां पानी में तर-ब-तर

कमर पकड़े चीखें लगाए

मैंने पूछा क्या समस्या है मेरे भाई!

मैडम जी! लगता है मेरी कमर टूट गई!

मैंने पूछा बताओ कब से तुमने

फुल बॉडी चेक-अप न कराया

हतप्रभ देख वो बोला

मैडम जी! ये कैसी आपने बात बताई

क्या फ़र्क पड़ता हो की मैंने

हाफ़ या फ़ुल बॉडी चेक-अप कराई

वही तो मैंने कहा, वही तो

अरे तुमने देखा नहीं कितनी खूबसूरती से

इन सड़कों ने तुम्हे चेक-अप की अहमियत बताई

अब कभी अस्पतालों में कंजूसी से न चलना मेरे भाई

इस बार दिल खोलकर उड़ाना अपनी तनख़्वाह ज़मी-ज़माई

ये गड्ढे नहीं हैं ऊपर वाले का प्रसाद है भाई

तेरी-मेरी सांसों में घुलती ये धूल की परत

इनका हम पर एहसान है भाई

शायद उसे मेरे प्रवचन में इंटरेस्ट ना आया

तभी तो सब को लेके भागा और चीख़ लगाई

अरे भागो! अरे भागो!

इस मैडम जी; में कोई माता है आई!

ये कमरतोड़ ट्रैफिक

ये कमरतोड़ ट्रैफिक
बच न पाए कोई इनसे
आओ! बन जाओ इनके आशिक
हाय! ये कमरतोड़ ट्रैफिक!!

अभी कुछ दिन पहले
एक लाल गाड़ी ली है!
इस भीनी-भीनी सुबह में
क्या खूब जँच रही है!

मन ख़ुशी से लगाए जाता
था हिचकोले!
इस नए प्यार से तर-ब-तर वो
भला इस ट्रैफिक को क्या बोले!

प्यार आ रहा था

इस गाड़ियों के हुजूम पे!

निरंतर बजती जाती बिन मतलब

हॉर्न के शोरगूल पे!

अब शाम का वक़्त था!

ट्रैफिक से हर मन सख़्त था!

पहले दिन स्टीयरिंग स्वयं घुमाया है!

आधे घंटे की दूरी

पे दो घंटे तक घुड़काया है!

फिर भी क्या मजाल की सड़क की

दयनीय दशा पे मन गुस्साया है!

सारे अपना आपा खो चुके थे!

हॉर्न बजा-बजाके जैसे सारे रो चुके थे!

मन में विचार आया ये चिल्लाने

के बजाय फेरी का नया व्यवसाय क्यों नहीं रचते!

गाड़ी तो रुकी पड़ी है

डिक्की में बैगन भिंडी क्यों नहीं बेचते

हर किसी के लिए फायदेमंद होगा! ट्रैफिक का भी डिमांड होगा!

एक ऑटो वाले की आवाज़ आई!

मेरे विचारों पे जैसे ब्रेक लगाई!

क्या मैडम जी! थोड़ा एडजस्ट करेंगी

ऐसा लगा मानो

कार को अपने सर पर रखेंगी!

क्या बात करते हो भैया?

अब कहाँ जाऊँ

तुम भी अजीब हो

क्या नाले में कार चलाऊँ!

ऑटोवाले ने दी वो टेढ़ी मुस्की

मन किया पूरा जबड़ा हाथ में रख दूँ उसकी!

तुम एक आम नारी हो, ये हिंसा की राह मत चुनो

यूँ सड़क चौराहे बॉक्सिंग चैंपियन मत बनो

समझाया मन को बड़ी मुश्किल से

ऑटो को खिसकते देखा बड़े तंगदिल से!

तभी अचानक गाड़ियों को चीरता आया

मानो जेम्स बांड एक ऑटो लाया

कमबख़्त ने बड़ी बेरहमी से मेरे

बोनट को अंदर धँसाया!

बाहर छलाँग मारी

खुद को न संभाल पाई

परख़च्चे यूँ उड़े थे

हाय! दिल सदमे से हिल चूका था

बड़ी मुश्किल से दहाड़ लगाई

ये कोई तरीका है भाई!

मन तो कर रहा था

सारे शब्द कह दूँ!

जो डिक्शनरी में नहीं है

वो भी आज गढ़ लूँ!

वो कमबख़्त जो रौकेट जैसा उड़ा था

उसकी लैंडिंग नहीं हुई थी!

ट्रैफिक की दया थी, गाड़ी कहीं फँसी थी!

शोर सुनके सारे लोग आए

जैसे कोई ब्रेक मिला हो!

वो अपना बांड भी आया

मूछों को ताव देके

काम तो निंदनीय किया

पर चाल तो देखो ज़रा!

अरे मैडम जी! आपने बुलाया

थोड़ा सही से गाड़ी चलाओ आप

अरे! मेरी गाड़ी को दे मारा

और मुझे ही देते हो जाप

इस शोरगूल में ट्रैफिक पुलिस कहाँ पीछे रहते

उसकी चलान काटी, मुझे नसीहत दे डाला

फिर सर्विस सेंटर में उसने फ़ोन लगाया!

कोई बंदा आ रहा था, साइड में मैं खड़ी थी

हर आने-जाने वालों के लिए शोपीस बन गई थी!

हर विचित्र दृश्य पे जो

सेल्फी लेने का ट्रेंड चला है

हाय! कार के साइड में खड़े-खड़े हर सेलफ़ोन से डर लग रहा है!

मैं अपनी इस दयनीय हालत को

हर फोटो फ्रेम में नहीं गढ़ना चाहती!

हाँ! मैं वो कल सुबह की पहली

इंटरनेट सेंसेशन नहीं बनना चाहती!

कि वो देखो डैमेज कार संग एक अबला नारी

अपनी ही तेज़ गति की मारी

हाय! एक अबला नारी!

करीब एक घंटे बाद मेरी कार उठाने वाले आए!

मेरी कार टो हो चूकी थी, मैं फिर से अपने विचारों में खो चूकी थी

आज जो हालत इस ट्रैफिक देव ने किया है

मेरे धीरज को हर चुनौती दिया है

मुझे ऑफिस से निकले तीन घंटे से ऊपर हो चूका है

अब भी ये टो वाला गाड़ियों में कहीं फँसा है!

तभी मैंने देखा वो मसीहा

ऑटो में बैठा और खिसक लिया!

मन में सोचा अब रहने दो गाड़ी

कितना अच्छा होता अगर मैंने भी ऑटो लिया!!

सर्ग पांच:

विविध

एकलव्य का महात्याग

हाय द्रोण! तूने ये कैसा अन्याय किया
एक निर्बल, निस्साहय शिष्य का कैसा परिहास किया

वीरों से वीर, कठोर तपस्वी
युगपुरुष, अपराजित और यशस्वी
मन में संकल्प, चेहरे पे कांति
जग में वीर न दूजा, एकलव्य की भांति!

भक्ति भी ऐसी न देखी जग ने दोबारा
तेरी परछाई को अपने रग-रग में उतारा
दिन-रात करके अपने लड़कपन का महात्याग
स्वयं गाया उसने तेरे बाणों का अद्भुत राग!

भक्ति में कोमल मन ऐसा था समाया
कैसा गुरुप्रेम! तुझे ईश बना डाला
निज को सिखाया, निज ही सीखा
कैसा निश्छल प्रेम! तुझे गुरु पद पे बिठाया!

एक क्यारी की भांति खिलने को इच्छुक

एक जीवन की भांति जीने को इच्छुक

दिन-रात तेरी गरिमा को संवारा

एक शिष्य की परिभाषा को उसने बदल डाला!

मस्तक पर सुसज्जित तेरी चरण-धूलि

सुनने को तत्पर केवल तेरी बोली

नयनों में हुआ था जीवन का संचार

जब माँगा था उसने तुझसे तेरा प्यार

कैसे रास न आई तुझे उसकी छाया

कैसा दुनिया से प्रेम, कैसी मोहमाया

ईश का वरदान बनकर था जो आया

तूने उसके मन के ईश को ही झूठलाया!

कहाँ खो गई एक पिता की ममता

कहाँ खो गई एक गुरु की क्षमता

हे आचार्य! क्यों किया ऐसा वज्रपात

कि निज वचनों से मानवता को ही रुलाया

काँप उठे हर मन सुनकर तेरे कठोर वचन

निश्वास वो धरती न जिसपे कोई जीवन

फिर भी उस बालक ने न किया कोई हठ, न ही रुदन

कैसे न दिखा तुम्हें उसका ये सम्पूर्ण समर्पण!

युद्धभूमि में पारंगत तेरी युद्धनीति

राज्य को समर्पित तेरी राजनीति

किन्तु एक निहत्थे वीर पर

अशोभित है तेरी कूटनीति!

गुरु-शिष्य की अद्भुत परंपरा

उसमें ये कैसा विषपान किया

एक महात्मा होकर भी

कैसे निज शिष्यों में पक्षपात किया!

गुरुदक्षिणा के बहाने, छल से माँगा तूने उसका अंगूठा

हाय! ये तेरे कुकर्म की कैसी पराकाष्ठा

कैसे निज नज़रों में ऊपर उठेगा हाय द्रोण

युग-युग तक श्रापित रहेगा तेरा रोम-रोम

एक वृक्ष जिसे थी जीवन की चाह

उसकी जड़ों का सर्वनाश किया

हे महाचार्य! ये कैसा अन्याय किया!!

लौट आओ प्रियवर

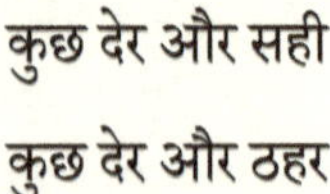

कुछ देर और सही
कुछ देर और ठहर

अभी कल ही मुझे तुम
इन राहों पे लाये थे;
ख़ुद घोड़ी पे थे बैठे
और मुझे डोली में बिठाये थे!
अभी कुछ पल ही हुए
लेने दो इन राहों की समझ!
जी लेने दो मुझे
मेरे सपनों का शहर

अग्नि के सामने अपना बनाया मुझको
एक नये घर की लक्ष्मी-पद पे बिठाया मुझको
चाँद तारों से सजा इस मुहल्ले का मकां
लोग छत पे चढ़े, देते ठिठोलियों में चिढ़ा
चांदनी गढ़ रही थी बारातियों की छठा!

और मेरे आगे-आगे चलते थे तेरे क़दमों के निशां

मेरा दामन अभी-अभी तेरे सानिध्य से जुड़ा था

उठ रही थी मन में

भावनाओं के लहर

वो सुबह की भीनी-भीनी धूप आ रही थी

पेड़ों के पत्तों के पीछे जैसे शरमा रही थी

उन्मुक्त उड़ते पंछी शहनाई सुना रहे थे

कोमल नन्हें पुष्प उड़-उड़के आ रहे थे!

ऐसी सुहानी राहों से तुम लाये मुझको

आरती की थाली लिए माँ को दिखाया मुझको

पाँव छुये अभी समय ही क्या हुआ है

पैरों तले दिखा दो

ममता के नये शिखर

नई बेटी पा के माँ के कदम न रुक रहे थे

छड़ी बगल में खड़ी थी, पिताजी सबके सामने झुक रहे थे

बहु-भात में कोई कमी रह न जाये

ओ भैया! वही झालर लगाओ जो सबके मन को भाये!

सीता-राम की जोड़ी लग रही है
माजी! आपकी बहु की हर बात जँच रही है!

फूले न समाये जाते थे दोनों प्राणी
जीवन बन गया था
मस्त मौजों की लहर

किस निर्दयी हवा के परों पे उड़के आये
माँ स्तब्ध-सी खड़ी थी क्या सन्देश लाये
पिताजी की मुट्ठी में छड़ी सम्भल नहीं रही थी
आपके मुँह की हँसी में थोड़ी कमी थी

बड़े भावुक बनके जाने क्या समझा रहे थे
मुझे ताकता देख नज़रे चुरा रहे थे!

यूँ न छुपाओ मुझसे,
बात बन जाये ज़हर

प्रिये! मुझे काम पे है जाना, सन्देश आ गया है
सीमाओं पे कोई विस्फोट हो गया है
मैं जानता हूँ तुमसे बड़ी बात कर रहा हूँ
अपने दो ज़िगर के टुकड़े सौगात कर रहा हूँ

कहते तुम्हारी आँखों से अश्क़

बह चले थे,

मैं पास ही खड़ी थी,

तुम दूर जा चुके थे!

कैसे जियूँगी भला

काटेगा अब हर पहर

माँ का गला अब रूँधा-सा लग रहा है

मुझे कष्ट होगा, आँचल में छुप जाती है

यदा-कदा चलते-चलते भगवान के

कमरे में रुक जाती है

पिताजी को खाने में अब कुछ न जँच रहा है

ये जगमगाता झूलर भी बोझ लग रहा है!

मेरे कदम चलते-से जा रहे हैं,

मन किसी कोने में दुबका जा रहा है

बड़ी दुविधा से भरी हूँ

कोई कठोर सपना-सा लग रहा है!

कैसे रोकूँ अब मैं

बेसुध, न हो जाऊँ विह्वल!

माँ की आँखों में तुम ही हँस रहे हो
दीवारों की ऊँचाइयों में सज रहे हो
बरामदे में अब भी तेरे जूते की धूलि है
किस ओर देखूँ, जो दिखे तू नहीं है!

दिल की दलदली में
धँसती जा रही हूँ!

आ के मुझे सम्भालो
हो सके तो बचा लो
लौट आओ प्रियवर!
लौट आओ प्रियवर!!

एक थे वो मतवाले किशोर

आज फिर अच्छे लगते हैं तेरे गानों के शोर

सुरों की नगरी में एक थे वो मतवाले किशोर

बचपना, ज़िंदादिली, भोलापन

मस्ती में डूबा रोम-रोम

कैसे भूल पायेगी

कब तक न भायेगी

ज़िन्दगी की ये पहेली रह-रहकर तेरे पास आयेगी

कभी हाफ-टिकट की गाली-सी

एक लड़की भीगी-भागी सी

तेरी हर अदा मतवाली-सी

मदमस्त, मनभाती-सी

इस मोड़ से जाते हैं
कुछ दबे पाँव चलके
कानों में रह-रह कर
कुछ भूले गीत छलके

कहना है, कहना है
बड़ी मासूमियत से
कुछ इतराती बोली
कुछ नज़ाकत से
जो आने वाला पल
वो जाने वाला है
यही तो सच है
यही तो जीवन है!

दे दे प्यार दे, हमें प्यार दे
झूमती बोली मायूसी उतार दे
आज भी कर्णप्रिय है हर गाना!
मेरा एक रुपैया, बारह आना!

कभी गुरूजी की हो प्यारी बिंदु
मीरा नाची पग बाँध घुँघरू
सुरों से पहचान

चिढ़ाती-सी मुस्कान

पौधों की यारी

भला! सूनापन कैसे हो भारी

बाबू मोशाय की तड़प

आनंद की जीवन से मीठी झड़प

हर भावना के कारीगर

थोड़े नटखट, थोड़े जादूगर

कभी समझ से परे

कभी मन के धागों से जुड़े

बचपन को जीने की जिद् में फँसे

ध्यान से परे पीछे जो कोई हँसे

भावनाओं को गाने वाले

तेरा नाम है चितचोर

प्राण फूँका अजीब शब्दों में

भर साँसो का पूरा ज़ोर!

सुरों की नगरी में खोये-खोये से एक थे वो मतवाले किशोर!

शायद वो प्यार है! शायद वो प्यार है!!

प्यार की परिभाषा क्या है!

जब परिभाषाओं का अंत हो

शायद वो प्यार है

जब भावनाओं का जहाँ अनंत हो

शायद वो प्यार है

प्यार वो बहता समंदर

जिसने सीमाओं में रहना न सीखा

प्यार बिन पर का बवंडर

जिसने बंद ढाँचे में जीना न सीखा!

प्यार वो शीतल, वो पावन

वो निश्छल, वो निष्पाप

वो कविता, वो शब्द

तलाशती भावनाओं का अम्बार!

मेरी किताब के वो दो बुनियादी शब्द

चाहे प्रतिकूल हो कितनी भी ये घड़ी के काँटे

मुँह पे मुस्कुराहट और हाथों से ममता वो बाँटे

जब-जब हार जाओ और अपने

कदमों से नज़रें चुराओ

जो मुड़ के देखा तो पीछे वो खड़ा है!

मेरे अस्तित्व का वो पहला आधार है

शायद वो प्यार है! शायद वो प्यार है!!

वो कॉलेज में पहली बार

दिल के होने का पता चलना,

वैलेंटाइन्स डे, फ्रेंडशिप डे

के इंतज़ार में सतरंगी सपनों को रँगना,

बहरूपिये से जीवन में

विश्वास और दोस्ती की बुनियाद को परखना,

हाँ! वो सपना ही तो था

पर उस सपने पे अपना अधिकार है

शायद वो प्यार है! शायद वो प्यार है!!

महज़ दो-चार घंटों के फेरे

और ज़िन्दगी के मायने ही बदल जाते हैं

नए रिश्तों, नई आशाओं से

नए परिवार सँवर जाते हैं

एक दोस्त, एक हमराह

एक शिक्षक, जीने की नई चाह

मदमस्त कानों पे एक नई धुन सवार है

शायद वो प्यार है! शायद वो प्यार है!!

किसी नवजात को आंचल में भर

इस दुनिया की नज़रों से बचाना,

जन्म लेते ही किसी की सांसों में भर जाना

सहमी आँखों से वो पहला लफ्ज़ गुनगुनाना

एक ज़िन्दगी का अपनी दामन में लिपट जाना

मेरे निराकार जीवन का

वो पहला आकार है

शायद वो प्यार है! शायद वो प्यार है!!

हर रिश्ते में तेरी छवि ढूँढ़ती हूँ,

हर रोज़ तुझे कुछ और समझती हूँ,

मैंने देखी है उन अँधेरों में

तेरी ममता से भरी ऑंखें

चुन-चुन के हथेलियों पे रखती

सपनों की धू-धू सी जलती राखें

ज़िन्दग़ी से बेवक़्त हार कर भी

चलने का ये जो हम पर ख़ुमार है

शायद वो प्यार है! शायद वो प्यार है!!

ज़रा देखो तो ये मैं क्या करने बैठी

खुली आँखों से रब दीखते हैं कहीं?

इन लफ़्ज़ों में जो ढलके भी न ढल पाया

मेरी लिखने की प्रेरणा को जिसने पल-पल जगाया!

कभी उसका अभाव तो कभी इस

जीवन में अपार है

शायद वो प्यार है! शायद वो प्यार है!!

आस्था

मन की आस्था भी कितनी महान होती है!

दिमाग की जटिल पेचीदगियों से परे

जीवन के चौराहे पर

मुस्कुराती-सी खड़े

ठिठुरती सुबहो में

सूपों को संभाले

घाटों पे खड़ी माँ की आस्था

रात की अनभेदी-सी काली

परछाई को दियो की

रौशनी से जगमगाने की आस्था

आस्था जो सख्त पत्थर

को भगवान बना दे

आस्था जो तेरे-मेरे दिल के

शैतान को इंसान बना दे

कभी बर्फ-सी पिघलती

रातों में एक फ़रिश्ते की आस्था

कभी एक महीने के बाद

उस चांद को बादलों से पाने की आस्था

आस्था जो जिन्दगी को

रंगों की होली बना दे

आस्था जो चाहे तो एक अदने-से

इंसान को युगो-युगो तक महान बना दे

हृदय के कोमल भावों की

मनमस्त लहरों की अठखेलियों पर

जीवन के धागों को बुनने की आस्था

सच! आस्था भी कितनी महान होती है!!

साथी

मंज़िल का राही सफर पर चला था

मन में जोश और उमंग भरा था

पर कोई हमसे रूठ गया

साथी छूट गया

चलते-चलते कुछ साथी मिले थे

दिल के भले और मन के अच्छे थे

हम उनके रंग में रंग गए

वो दिल के किसी कोने में बस गए

पर शायद किसी को ये रास न आया

उसने हमारी उड़ान पर एक पूर्ण-विराम लगाया

मानो जैसे एक प्रचंड तूफ़ान

राह के तिनके उड़ा गया

शायद कोई बंधन टूट गया

साथी छूट गया!

साथी छूट गया!!

आत्मा तृप्त हो गई!

रवि की तेज किरणों ने बरसाया कुछ ऐसा कहर

सूखी धरती के तन से नीर निकला हर पहर!

सूखे पत्तों का बोझ उठाए खड़ा मृत वृक्ष

देखा न होगा कभी ऐसा प्रलयंकारी दृश्य

मानवता का वध करने को दिखती प्रकृति तत्पर

सूखे ओंठ, प्यासी आत्मा कर रही हो नृत्य बेसुध होकर!

तभी अचानक दूर कहीं बिजली कड़की

सूनी आँखों में फिर से आशा की रौशनी चमकी

फूलों की झुलसी पंखुड़ी पर गिरा जब वह अमृत जल

वन में मयूर नाच उठे सुन पानी की कल-कल!

सूखे पेड़ लहलहा उठे पाकर वो चरणामृत

प्रकृति निज भाग्य पर इठलाने लगी

अब तक थी जो श्रापित!

दूर-दूर तक हरियाली ने

स्थापित किया अपना वर्चस्व

अमर हो गई मानवता पाकर जीवन सर्वस्व!

बरसों बाद धरती स्वर्ग-सी सज गई!

ऐसा लगा जैसे आत्मा तृप्त हो गई!!